KB181791

초등국어
독해력
사다리

초등국어
독해력
사다리 ②단계

지은이 안명숙
펴낸이 정규도
펴낸곳 (주)다락원

초판 1쇄 발행 2018년 3월 28일
초판 2쇄 발행 2020년 10월 19일

책임편집 허윤영, 장의연
디자인 All Contents Group
일러스트 김건

다락원 경기도 파주시 문발로 211
내용문의 (02) 736-2031 내선 524
구입문의 (02) 736-2031 내선 250~252
Fax (02) 732-2037
출판 등록 1977년 9월 16일 제406-2008-000007호

Copyright ⓒ 2018, 안명숙

저자 및 출판사의 허락 없이 이 책의 일부 또는 전부를 무단 복제·전
재·발췌할 수 없습니다. 구입 후 철회는 회사 내규에 부합하는 경우에
가능하므로 구입문의처에 문의하시기 바랍니다. 분실·파손 등에 따른
소비자 피해에 대해서는 공정거래위원회에서 고시한 소비자 분쟁 해결
기준에 따라 보상 가능합니다. 잘못된 책은 바꿔 드립니다.

값 12,000원
ISBN 978-89-277-0096-8 64710
　　　978-89-277-0094-4 (세트)

http://www.darakwon.co.kr
다락원 홈페이지를 방문하시면 상세한 출판정보와 함께
다양한 혜택을 얻으실 수 있습니다.

사진 출처 shutterstock.com
104쪽. 김홍도 〈씨름〉 (출처 : 국립중앙박물관)

초등국어 독해력 사다리 2^{단계}

안명숙 지음

다락원

"재미있게 읽으면서
독해력을 키울 수 없을까?"

요즘 초등학교에 입학한 아이들을 보면 어려운 영어 단어를 줄줄 외우고 간단한 영어책도 읽을 줄 아는 아이들이 많습니다. 그런데 참 신기하게 우리글을 읽을 때는 다릅니다. 글자는 잘 읽으면서 정작 단어의 뜻은 잘 모르거나 글에 담긴 내용과 의미를 제대로 읽어내지 못합니다. 또 시간 가는 줄 모르고 몇 시간씩 스마트폰은 보면서 책을 읽을 때는 짧은 시간도 집중하기 어려워하지요. 이런 아이들에게 글 읽기를 가르치다 보니 우리글 독해력을 기를 수 있는 방법을 고민하게 되었습니다. 그러면서 아이들이 집중해서 읽을 만큼 재미있으면서 내용과 의미를 깊게 생각해 볼 만한 지문을 실은 읽기 교재가 필요하다는 것을 깨닫게 되었습니다.

글의 내용을 이해하고 자기 것으로 소화하는 능력을 독해력이라고 합니다. 다시 말해 '글을 읽고 내용을 이해하는 능력'입니다. 독해력은 읽기 활동을 할 때 가장 기초가 되는 중요한 능력이지만, 하루아침에 뚝딱 만들어지지 않습니다. 매일매일 글을 꾸준히 읽고 그 속에 담긴 내용을 파악하는 과정을 반복해야만 독해력이 길러지지요.

〈초등국어 독해력 사다리〉1단계와 2단계는 초등학교 입학 전 아동이나 초등학교 1, 2학년 학생들이 각자 자기에게 맞는 수준을 선택해 매일매일 꾸준히 글을 읽으면서 독해력을 키울 수 있도록 구성되어 있습니다. 아이들의 인지 발달 과정에 맞추어 어휘 수준과 글 길이를 고려한 〈초등국어 독해력 사다리〉로 글을 읽고 이해하는 연습을 해 보면 어떨까요?

　쉽고 재미있게 국어 독해력을 기를 수는 없을까? 글을 읽으면서 자연스럽게 아이들의 어휘력을 높일 수는 없을까? 글을 통해 우리 아이들의 생각을 성장시키고 마음도 따뜻하게 해 줄 수는 없을까? 〈초등국어 독해력 사다리〉1, 2단계를 쓰는 내내 제가 붙들고 있던 질문들입니다. 독해력 사다리를 한 단계, 한 단계 오르는 우리 친구들이 이런 질문에 긍정적으로 응답해 주기를 간절히 바랍니다.

　마지막으로, 집필하는 긴 시간 동안 제게 많은 생각할 거리를 주신 다락원의 허윤영 차장님께 깊은 감사의 마음을 전합니다.

2018년 3월
안명숙

★ 어떻게 읽을까

책을 펼치면 먼저 '어떻게 읽을까' 코너가 나옵니다. 글의 내용을 제대로 이해하기 위해서 어떻게 읽어야 하는지 방법을 보여주는 코너로, 꼭 알아야 하는 10개의 독해 기술을 선정해서 쉬운 연습문제를 풀며 익힐 수 있게 구성하였습니다.

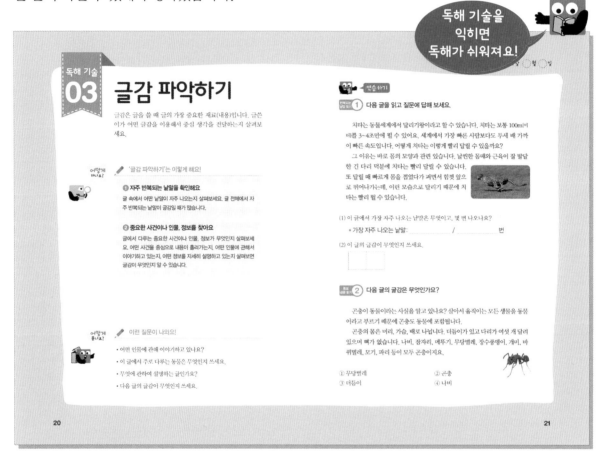

이렇게 공부하세요

독해력이 있다는 것은 '다양한 독해 기술을 활용해 글의 내용을 이해한다'는 뜻입니다. 〈초등국어 독해력 사다리〉 1, 2단계에서는 예비 초등학생부터 초등학교 1, 2학년생들이 꼭 갖추어야 할 국어 독해 기술을 쉽게 정리하였습니다. 먼저 독해 기술을 소개하는 글을 읽고, 독해 기술을 효과적으로 키우는 방법을 정리한 설명을 소리 내어 읽으세요. 학습하는 독해 기술을 묻는 질문의 예도 꼭 읽어 보세요.

독해 기술을 설명하는 페이지 옆에는 배운 독해 기술을 연습할 수 있는 연습문제가 있습니다. 문제를 풀면서 공부한 내용을 내 것으로 만들어 보세요.

활용 TIP

1 매일매일 독해 기술을 하나씩 공부하고, 공부한 날짜를 기록하세요

공부는 매일, 꾸준히 하는 것이 가장 중요합니다. 매일 공부하는 습관을 들이기 위해서는 잊지 말고 하루에 하나씩 독해 기술을 공부합시다.

2 틀린 문제는 왜 틀렸는지 생각하고, 다시 풀어 보세요

몇 개를 틀렸는지가 중요한 것이 아니라 '왜 틀렸는지'를 아는 것이 중요합니다. 틀린 문제의 답을 확인만 하고 넘어가지 말고, 왜 틀렸는지 생각해 본 다음 '정답과 해설'에서 자세한 문제풀이를 읽으면서 모르는 내용을 확실하게 다져야 합니다.

3 '실전! 독해 테스트'에서 실력을 확인해 보세요

자신의 독해 실력을 평가할 수 있는 테스트입니다. 20분이나 30분 이내 등 스스로 목표 시간을 정해서 풀어 봅시다.

★ 무엇을 읽을까

총 6과로 나누어 주제별 읽기를 합니다. 교과서를 바탕으로 초등학생들이 꼭 알아야 하는 내용을 선별하여 재미있게 지문을 구성하였습니다. '어떻게 읽을까'에서 배운 독해 기술을 활용해 실전 시험처럼 독해 활동을 해 보세요.

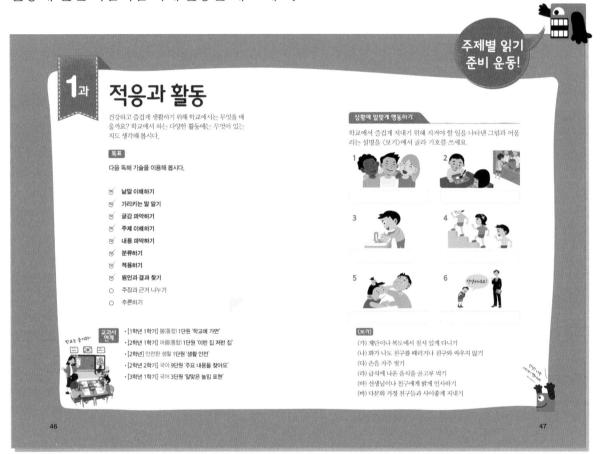

이렇게 공부하세요

'무엇을 읽을까'에서는 꼭 배워야 할 지식과 정보가 담긴 글, 그리고 읽기가 즐거워지는 글을 여섯 개의 주제로 묶어서 제시합니다. 실제 교과서와 연계된 흥미로운 지문을 읽으면서 앞으로 배울 내용을 예습하거나 이미 배운 내용을 복습할 수 있습니다.

특히 '어떻게 읽을까'에서 공부한 독해 기술을 제대로 활용할 수 있는지, 지문을 읽고 문제를 풀면서 스스로 확인할 수 있습니다.

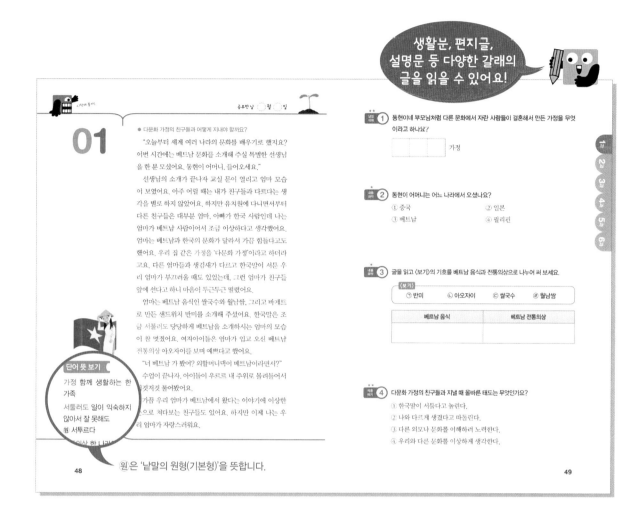

활용 TIP

1 모든 과의 시작 페이지를 꼼꼼히 읽고, 앞으로 읽을 내용을 예상해 보세요

어떤 지문을 읽게 될지 예상해 보세요. 본격적으로 읽기 시작하기 전에 몸풀기로 '배경지식 확인하기'나 '상황에 알맞게 말하기' 등의 활동도 꼭 풀어 보세요.

2 지문을 처음 읽을 때는 빨리, 다시 읽을 때는 꼼꼼히 읽으세요

천천히 한 번 읽는 것보다 처음 읽을 때 빨리 읽고 전체적인 내용을 파악하는 것이 좋습니다. 그런 다음 조금 시간을 두고 꼼꼼하게 지문을 다시 한번 읽어 보세요.

3 하루에 지문 하나씩 읽고, 어떤 문제를 틀렸는지도 꼭 확인하세요

매일 공부하고, 공부한 날짜를 적으세요. 답을 맞추어 본 후에는 어떤 유형의 문제를 틀렸는지 꼭 확인하세요. 문제 위에 있는 별표는 문제가 얼마나 어려운지를 나타냅니다. 개수가 하나(쉽다)인 것은 안 틀리면 좋겠죠?

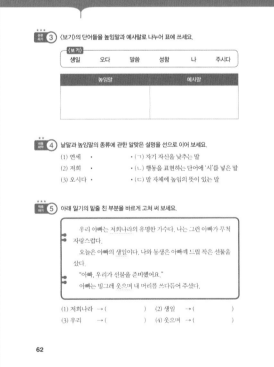

활용 TIP

1 '도전! 긴 지문 읽기'에 꼭 도전하세요

모든 과의 마지막 지문은 글밥이 많고 풀어야 할 문제 수도 많습니다. 하지만 두려워하지 말고 한 단계 어려운 독해 활동에 도전해 보세요. 이런 도전이 쌓이면서 독해 실력이 높아지고, 능동적으로 글을 읽게 됩니다. 문제를 풀 때는 지문을 다시 읽지 말고 읽은 내용을 떠올려 문제를 풀려고 노력해 보세요.

2 틀린 문제는 다시 한번 풀어 보세요

틀린 문제는 '정답과 해설'에서 문제풀이를 찾아 꼼꼼하게 읽고 무엇을 놓쳤는지 확인하세요. 읽고 난 다음에는 다시 한번 풀어 봅시다.

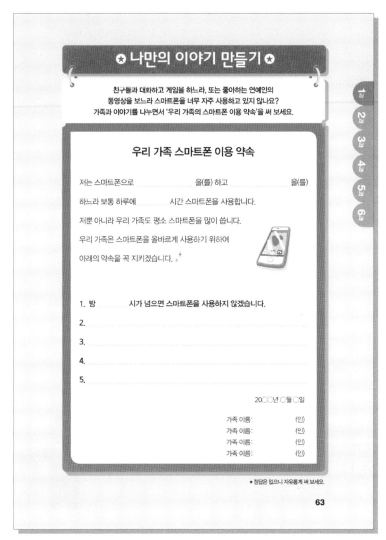

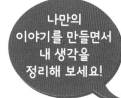

활용 TIP

1 내 생각을 정리해서 나만의 이야기를 써 보세요

'나만의 이야기 만들기' 코너가 모든 과의 마지막을 장식합니다. 공부한 과의 주제나 지문 내용과 관련해서 자기 생각을 글로 쓰거나 그림으로 표현하고, 책이나 인터넷에서 정보를 찾아 쓰는 활동을 합니다. 이 활동을 통해 글짓기 실력이 자라고, 자기 생각을 조리 있게 표현할 수 있게 되며, 창의적인 콘텐츠를 만들어내는 토대를 다질 수 있습니다.

정해진 답은 없으니 나만의 이야기, 나만의 콘텐츠 만들기에 도전해 보세요!

목차

어떻게 읽을까

무엇을 읽을까

1과 적응과 활동

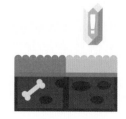

어떻게 읽을까

낱말 이해하기

글에 사용된 낱말(단어)의 뜻을 이해하는 것은 독해의 기본입니다. 글을 읽다가 모르는 낱말이 나와도 전체적인 글의 내용을 이해하면 모르는 낱말의 뜻을 미루어 짐작할 수 있어요.

어떻게
하나요?

 '낱말 이해하기'는 이렇게 해요!

❶ 앞뒤 문장을 잘 살펴보아요

잘 모르는 낱말이 나오면 앞뒤 문장을 잘 살펴보세요. 앞뒤 문장의 내용을 보면 모르는 낱말의 뜻을 짐작할 수 있습니다. 낱말의 뜻을 풀어서 쓴 부분이 있는지 확인하세요.

❷ 뜻이 비슷한 낱말, 또는 반대말을 확인해요

글을 쓸 때 같은 낱말을 여러 번 쓰는 대신, 뜻이 같거나 비슷한 낱말을 쓰는 경우가 많습니다. 또는 반대말을 써서 의미를 확실하게 드러내기도 하지요. 따라서 비슷한 말이나 반대말이 있는지 살피면서 글을 읽어 보세요.

어떻게
묻나요?

 이런 질문이 나와요!

• 밑줄 친 ㉠석양의 뜻이 무엇인지 글에서 찾아 빈칸에 쓰세요.

• 글의 내용 중 '배려'와 반대의 뜻을 가지고 있는 낱말을 찾아 쓰세요.

• 새끼를 낳아 젖을 먹여 키우는 동물을 뜻하는 말은 무엇인지 찾아 쓰세요.

연습하기

낱말 뜻 찾기 **2** 밑줄 친 '가뭄'의 뜻을 글에서 찾아 써 보세요.

작년부터 우리 고장에는 오랫동안 비가 내리지 않고 있습니다. 비가 오지 않으니 농사를 짓는 부모님과 이웃 어른들이 걱정을 많이 하세요.

"살다 살다 이런 가뭄은 처음이네."

비가 내리지 않으니 땅은 말라 갈라지고 벼나 다른 곡식도 잘 자라지 못하고 있어요. 부모님이 다시 농사를 지으실 수 있게 어서 비가 내렸으면 좋겠어요.

• 가뭄: 오랜 기간 _____ 것

낱말 뜻 파악하기 **2** 다음 글을 읽고 주어진 활동을 해 보세요.

하루는 토끼와 거북이가 달리기 경기를 했어요. 처음에는 토끼가 앞서 달려 나갔습니다. 뒤를 돌아보니 거북이는 저 멀리 느릿느릿 걸어오고 있었어요. 거북이 모습에 안심한 토끼는 나무 그늘 밑에서 낮잠을 자기로 했습니다. 그런데 너무 푹 잠이 들었나 봐요. 거북이는 열심히 걸어서 토끼를 앞질러 먼저 결승선에 도착했습니다. 토끼도 번쩍 잠이 깨서 부리나케 결승선으로 달렸습니다. 하지만 너무 늦었네요. 토끼는 급하게 서둘러서 뛰었지만, 결승선에서 웃으며 서 있는 거북이를 보고 고개를 떨구었어요.

(1) 밑줄 친 '부리나케'의 뜻을 글에서 찾아 써 보세요.

• 부리나케: _____

(2) 글에서 '부리나케'와 반대되는 뜻을 가진 낱말을 찾아 동그라미를 치세요.

가리키는 말 알기

가리키는 말이란 앞에 나온 낱말이나 내용을 다시 말할 때 대신 사용하는 말입니다. 가리키는 말이 무엇을 나타내는지 그 대상을 올바르게 파악해야 글을 제대로 이해할 수 있어요.

어떻게
하나요?

 '가리키는 말 알기'는 이렇게 해요!

❶ 가리키는 말의 앞 문장 또는 앞 내용을 확인하세요

가리키는 말이 나오면 그 말의 앞 문장 또는 앞 내용을 읽어 보세요. 보통 가리키는 말의 대상은 앞 문장이나 앞에 나온 내용에 있어요. 가리키는 말 대신 앞에서 찾은 낱말이나 내용을 넣었을 때 글이 자연스럽게 연결되면 가리키는 말의 대상을 올바르게 찾은 것입니다.

❷ 가리키는 말의 성격을 파악해 보아요

가리키는 말의 성격을 확실하게 알아야 어떤 정보를 찾아야 할지 정확히 알 수 있어요. 예를 들어, '저 친구'나 '너희' 등은 가리키는 대상이 '사람'입니다. '여기', '그곳'은 가리키는 대상이 '장소'이고, '이때', '그 순간'과 같은 말은 '시간/때'를 대신 나타내는 말입니다.

어떻게
묻나요?

 이런 질문이 나와요!

- 글에서 말하는 '거기'는 어디이고, '나'는 누구일까요?

- 밑줄 친 '이때'는 언제를 말하는 것인지 찾아 동그라미를 치세요.

- 글의 내용 중 밑줄 친 '그 순간 내 마음이 마구 떨렸다'에서 '그 순간'은 언제를 말하는 것인지 고르세요.

 연습하기

앞 내용
확인하기 **1** 밑줄 친 '이것'이 무엇을 가리키는지 글에서 찾아 쓰세요.

　　소는 위를 네 개나 가진 동물입니다. 풀을 삼켜서 위에 보관했다가 다시 꺼내서 천천히 씹는데, 이것을 되새김질이라고 합니다. 소 말고도 되새김질을 하는 동물로는 낙타, 염소, 양 등이 있습니다.

● 이것 : ＿＿＿＿＿＿＿＿＿＿＿＿＿＿＿＿＿ 것

가리키는
대상
파악하기 **2** 밑줄 친 ㉠, ㉡, ㉢이 각각 무엇을 가리키는지 글에서 찾아 써 보세요.

　　오늘은 수업이 일찍 끝나는 수요일이라서 나는 도서관에서 책을 읽다가 학원에 가기로 했어요.
　　재미있게 책을 읽다가 시계를 보니 어느덧 오후 2시가 되었어요. 그때, 갑자기 어디선가 휴대폰이 요란하게 울리기 시작했어요. 깜짝 놀라 소리가 나는 곳을 쳐다보니 영미가 당황스러운 얼굴로 휴대폰을 들고 일어났어요.
　　"영미야, ㉠이곳에서는 휴대폰을 꺼 두어야지."
　　사서 선생님의 말씀에 ㉡그 친구의 얼굴이 빨개졌어요.
　　"선생님, 죄송해요. 어제 ㉢이 시간에 알람 맞춰 놓은 걸 깜빡 했어요."
　　영미를 보면서 나도 도서관에서 휴대폰이 울리지 않도록 조심해야겠다고 생각했어요.

● ㉠ 이곳 : ＿＿＿＿＿＿　　● ㉡ 그 친구 : ＿＿＿＿＿＿

● ㉢ 이 시간 : ＿＿＿＿＿＿

03

글감 파악하기

글감은 글을 쓸 때 글의 가장 중요한 재료(내용)입니다. 글쓴이가 어떤 글감을 이용해서 중심 생각을 전달하는지 살펴보세요.

어떻게
하나요?

 '글감 파악하기'는 이렇게 해요!

❶ 자주 반복되는 낱말을 확인해요

글 속에서 어떤 낱말이 자주 나오는지 살펴보세요. 글 전체에서 자주 반복되는 낱말이 글감일 때가 많습니다.

❷ 중요한 사건이나 인물, 정보를 찾아요

글에서 다루는 중요한 사건이나 인물, 정보가 무엇인지 살펴보세요. 어떤 사건을 중심으로 내용이 흘러가는지, 어떤 인물에 관해서 이야기하고 있는지, 어떤 정보를 자세히 설명하고 있는지 살펴보면 글감이 무엇인지 알 수 있습니다.

어떻게
묻나요?

 이런 질문이 나와요!

• 어떤 인물에 관해 이야기하고 있나요?

• 이 글에서 주로 다루는 동물은 무엇인지 쓰세요.

• 무엇에 관하여 설명하는 글인가요?

• 다음 글의 글감이 무엇인지 쓰세요.

다음 글을 읽고 질문에 답해 보세요.

치타는 동물세계에서 달리기왕이라고 할 수 있습니다. 치타는 보통 100m[미터]를 3~4초만에 뛸 수 있어요. 세계에서 가장 빠른 사람보다도 두세 배 가까이 빠른 속도입니다. 어떻게 치타는 이렇게 빨리 달릴 수 있을까요?

그 이유는 바로 몸의 모양과 관련 있습니다. 날씬한 몸매와 근육이 잘 발달한 긴 다리 덕분에 치타는 빨리 달릴 수 있습니다. 또 달릴 때 빠르게 몸을 접었다가 펴면서 힘껏 앞으로 뛰어나가는데, 이런 모습으로 달리기 때문에 치타는 빨리 뛸 수 있습니다.

(1) 이 글에서 가장 자주 나오는 낱말은 무엇이고, 몇 번 나오나요?

• 가장 자주 나오는 낱말: _____ / _____ 번

(2) 이 글의 글감이 무엇인지 쓰세요.

다음 글의 글감은 무엇인가요?

곤충이 동물이라는 사실을 알고 있나요? 살아서 움직이는 모든 생물을 동물이라고 부르기 때문에 곤충도 동물에 포함됩니다.

곤충의 몸은 머리, 가슴, 배로 나뉩니다. 더듬이가 있고 다리가 여섯 개 달려 있으며 뼈가 없습니다. 나비, 잠자리, 메뚜기, 무당벌레, 장수풍뎅이, 개미, 바퀴벌레, 모기, 파리 등이 모두 곤충이지요.

① 무당벌레 　　　　　　② 곤충
③ 더듬이 　　　　　　　④ 나비

주제 이해하기

글에서 글쓴이가 가장 중요하게 말하는 내용을 중심 생각 또는 주제라고 합니다. 따라서 글의 주제를 제대로 이해하는 것이 매우 중요해요.

어떻게 하나요?

 '주제 이해하기'는 이렇게 해요!

❶ 글감이 무엇인지 정확히 파악해요

글의 주제(중심 생각)가 무엇인지 알기 위해서는 글감을 찾아 무엇에 대해 이야기하는 글인지부터 제대로 알아야 합니다.

❷ 글감에 대한 글쓴이의 태도를 살펴보아요

글쓴이가 글감에 관해 설명하기 위해 어떤 낱말이나 표현을 쓰는지, 어떤 내용을 중심으로 말하는지 살펴보세요. 이야기를 풀어가는 글쓴이의 태도를 알면 글의 주제를 예상하기 쉬워집니다.

❸ 글의 첫 문장, 마지막 문장을 확인해요

글의 첫 문장이나 마지막 문장, 또는 첫 단락이나 마지막 단락에 주제가 드러날 때가 많으니 그 부분을 자세히 읽어 보세요.

어떻게 묻나요?

 이런 질문이 나와요!

- 글쓴이가 이 글을 통해 말하고 싶어하는 것은 무엇인가요?

- 이 글을 통해 얻을 수 있는 교훈은 무엇인가요?

- 글에서 글쓴이의 생각이 가장 잘 나타난 문장을 찾아 써 보세요.

 **연습하기**

글감과
주제
파악하기 **1** **다음 글을 읽고 질문에 답해 보세요.**

우리 집은 일요일마다 아빠랑 내가 식사를 준비하고 집안일을 해요. 예전에는 엄마 혼자서 집안일을 다 하셨어요. 퇴근하신 후에도 엄마는 집에 오면 밀린 설거지와 청소를 하느라 늘 바쁘셨어요.

그런데 하루는 아빠가 말씀하셨어요.

"앞으로 매주 일요일에 아빠랑 승우가 같이 음식을 만들고 집안일도 함께 하면 어떨까? 엄마가 좀 쉬실 수 있게 말이야."

집안일은 원래 엄마 일이라고 생각했는데, 갑자기 아빠가 왜 그런 말씀을 하시는지 처음에는 이해할 수가 없었어요. 또 일요일에는 텔레비전도 보고 친구들과 놀고 싶은데, 집안일을 하자는 아빠의 말씀이 솔직히 반갑지는 않았어요.

"집안일은 엄마 혼자 하는 일이 아니야. 식구들이 함께 해야 하는 일이지. 지금처럼 엄마 혼자 계속하면 언젠가는 엄마도 지치실 거야."

처음에는 싫었지만 아빠를 도와 집안일을 하다 보니 그동안 엄마가 얼마나 힘드셨을지 느낄 수 있었어요. 엄마도 도와드릴 수 있고 아빠와도 친해질 수 있어서 이제는 집안일을 돕는 것이 즐거워요.

(1) 이 글의 글감은 무엇인가요? _____

(2) 이 글의 주제는 무엇인가요?

① 집안일은 엄마 몫이니 엄마가 다 해야 한다.

② 아빠와 집안일을 같이 하면 친해질 수 있다.

③ 식구들이 서로 도와가며 집안일을 함께 해야 한다.

④ 주말에 아빠 혼자 집안일을 하고 엄마는 쉬어야 한다.

내용 파악하기

독해를 잘하려면 글의 전체적인 내용을 파악할 뿐 아니라 세세한 정보도 정확히 이해해야 합니다. 그러므로 글의 내용을 꼼꼼하게 읽는 습관을 길러야 합니다.

어떻게
하나요?

 '내용 파악하기'는 이렇게 해요!

❶ 글을 읽을 때 중요한 내용에 밑줄을 그어요

누가, 무엇을, 언제, 어디서, 어떻게, 왜 하는지 등 중요한 내용에 밑줄을 긋거나 색을 칠하면서 글을 읽어 보세요. 이렇게 하면 중요한 정보를 잘 기억할 수 있고 내용도 더 잘 이해할 수 있습니다.

❷ 글의 제목, 글에 자주 나오는 낱말을 확인해요

제목은 글에서 이야기하고자 하는 핵심적인 내용을 드러낼 때가 많고 글에 자주 나오는 낱말은 중요한 정보일 때가 많습니다. 따라서 제목과 자주 나오는 낱말을 주의 깊게 살피며 글을 읽어 보세요.

❸ 문장을 천천히, 꼼꼼하게 읽어요

글의 전체적인 내용을 파악하기 위해서는 빨리 한 번 읽는 것으로도 충분하지만, 내용을 자세하게 이해하려면 한 문장, 한 문장 꼼꼼하게 살펴야 합니다. 문장을 세심하게 살피며 읽어야 내용을 헷갈리지 않고, 문제 풀 때 실수하지 않습니다.

어떻게
묻나요?

 이런 질문이 나와요!

• 할머니는 무를 뽑기 위해 누구의 도움을 받았나요?

• 글에 갯벌 생물의 예로 나오지 않은 동물은 어느 것인가요?

• 글의 내용으로 바른 것에는 O를, 바르지 않은 것에는 X를 표시해 보세요.

 연습하기

인물 정보 파악하기 **1** 다음 글을 읽고 질문에 답해 보세요.

스티븐 스필버그는 어릴 때 매우 조용하고 수줍음이 많은 소년이었습니다. 친구가 별로 없었던 스티븐은 아버지께서 선물해 주신 비디오카메라로 다양한 장면들을 촬영해 자기만의 영화로 만들면서 시간을 보냈습니다.

(1) 누구에 관한 이야기인가요? _____

(2) 주인공은 어릴 때 어떤 성격이었나요? _____

(3) 주인공은 어린 시절 주로 무엇을 하면서 시간을 보냈나요?

_____

_____

중요 내용 파악하기 **2** 다음 글을 읽고 질문에 답해 보세요.

영화를 보고 영화 만드는 것을 좋아했던 스티븐 스필버그는 어른이 되면 자신이 어린 시절 상상했던 모험과 이야기들을 영화로 만드는 일을 하고 싶었습니다. 그는 영화 공부를 시작했고, 많은 노력 끝에 마침내 영화감독이 되었습니다. 〈E.T.〉, 〈백 투 더 퓨처〉, 〈쥬라기 공원〉 등은 그의 놀라운 상상력을 보여 주는 대표적인 작품으로, 이 영화들이 큰 인기를 끌면서 스티븐 스필버그는 세계적으로 유명해졌습니다.

(1) 스티븐 스필버그가 어른이 되어 하고 싶었던 일은 무엇인가요?

_____

_____

(2) 다음 중 주인공의 대표적인 작품으로 글에 나오지 <u>않은</u> 것은 어느 것인가요?

① E.T.   ② 미니언즈

③ 쥬라기 공원   ④ 백 투 더 퓨처

분류하기

글에 나온 정보를 하나의 기준에 따라 비교해서 같은 성질의 것끼리 나누고 모으는 독해 기술을 분류하기라고 합니다. 정보를 나누면 내용을 체계적으로 정리하며 읽을 수 있기 때문에 내용을 더 쉽게 파악할 수 있습니다.

어떻게
하나요?

 '분류하기'는 이렇게 해요!

❶ 정보를 나눈 기준을 찾아보아요

글에서 글감과 관련된 여러 가지 정보를 어떤 기준에 따라 비교했는지 먼저 찾아보세요. 그런 다음 기준에 따라 정보를 나누어 봅니다.

❷ 글의 정보를 표로 간단하게 정리해 보아요

정보를 비교해서 같은 점, 다른 점끼리 나눈 다음 표에 간단하게 정리해 보세요. 이렇게 글의 정보를 세세하게 나누어 알아보기 쉽게 정리하면 내용을 체계적으로 이해하기 쉬워집니다.

어떻게
묻나요?

 이런 질문이 나와요!

• 글을 읽고 식물과 동물의 특징으로 알맞은 것을 찾아 각각 기호로 써 보세요.

• 다음 글을 읽고 '감기를 예방하는 습관'과 '감기를 걸리게 하는 습관'으로 나누어서 써 보세요.

연습하기

기준에
맞춰 **1** 다음 글을 읽고 주어진 활동을 해 보세요.
분류하기

동물은 식성에 따라서 크게 육식동물과 초식동물로 나뉩니다.

육식동물이란 사자, 호랑이, 상어, 곰, 고양이, 독수리 같이 고기를 먹는 동물입니다. 육식동물은 다른 동물을 사냥해서 잡아먹어야 하기 때문에 뾰족하고 날카로운 송곳니와 날카로운 발톱을 가지고 있습니다.

초식동물은 풀이나 나뭇잎 같은 식물을 먹는 동물로, 소와 염소, 토끼, 기린, 판다, 양 등입니다. 초식동물은 네모난 앞니로 풀이나 나뭇잎을 자른 다음 넓적한 어금니로 갈아 먹습니다. 발톱은 그다지 날카롭지 않습니다.

(1) 글에서 동물을 나눈 기준은 무엇인가요? _____

(2) 글에 소개된 동물들을 육식동물과 초식동물로 나누어 표에 정리해 보세요.

육식동물	초식동물

(3) 아래 ㉠~㉣이 어느 동물의 특징인지 나누어 표에 기호를 적으세요.

> ㉠ 식물을 먹는다.
>
> ㉡ 고기를 먹는다.
>
> ㉢ 뾰족한 송곳니와 날카로운 발톱이 있다.
>
> ㉣ 어금니가 넓적하고, 발톱은 날카롭지 않다.

육식동물	초식동물

07 적용하기

글을 읽으면서 이해한 내용과 정보를 바탕으로 다른 상황이 주어졌을 때 어떻게 해야 할지 적절하게 판단하는 독해 기술을 적용하기라고 합니다.

어떻게 하나요?

 '적용하기'는 이렇게 해요!

❶ 글 속의 정보를 잘 정리해요

글을 읽을 때 중요한 정보, 특히 실제 생활에 쓸 수 있고 도움이 되는 정보(지식)를 잘 정리해 보세요.

❷ 알게 된 정보를 바탕으로 생활에 적용해 보아요

글에서 얻은 교훈이나 새롭게 알게 된 사실 등을 일상생활에서 어떻게 적용할 수 있을지 생각하면서 글을 읽어 보세요. 글의 내용도 더 깊게 이해할 수 있고, 얻은 지식을 확실하게 내 것으로 만들 수 있게 될 거예요.

어떻게 묻나요?

 이런 질문이 나와요!

• 이 이야기를 읽은 후 여러분은 학교 급식시간에 어떻게 행동하는 것이 바람직하다고 생각하나요?

• 이 글을 읽고 초등학생이 되어서 스스로 할 수 있는 일의 예를 생활 속에서 찾아 한 가지만 적어 보세요.

• 이 글에서 얻을 수 있는 교훈에 알맞게 말한 친구는 다음 중 누구인가요?

연습하기

상황에 맞게 적용하기 ① 감기에 걸렸을 때 알맞은 행동을 한 친구는 누구인가요?

감기에 걸리면 몸을 따뜻하게 해서 잠을 푹 자는 게 좋습니다. 피곤할 때 감기에 쉽게 걸리므로 푹 쉬어서 피곤을 풀어야 합니다. 또 비타민 C가 몸속에서 감기 바이러스가 퍼지는 것을 막고 면역력을 높여 감기를 이겨낼 수 있는 힘을 주므로 비타민 C가 든 음식을 많이 먹는 것이 좋습니다.

① 준호: 목감기에 걸렸을 때 나는 따뜻한 레몬주스를 자주 마셨어. 레몬에 비타민 C가 많이 들어 있다고 하더라.

② 대희: 몸이 아플 때는 많이 웃고 편하게 있는 게 제일 좋은 것 같아서 밤 늦게까지 재미있는 만화책을 읽었어.

배운 정보 적용하기 ② 다음 글을 읽고 아래 문장에서 알맞은 것을 골라 동그라미를 치세요.

우리가 평소에 자주 헷갈리는 단어로 '가리키다'와 '가르치다'가 있습니다. '가리키다'와 '가르치다'는 어떻게 다를까요?

'가리키다'는 손가락이나 다른 도구로 방향을 나타낼 때 씁니다. 예를 들어, "소년은 손을 들어 오른쪽을 가리켰다."처럼 쓰죠. 또 어떤 대상을 딱 집어서 말할 때도 씁니다. "우리 반 친구들은 수민이를 가리켜 '인간 계산기'라고 한다."처럼 말할 수 있어요.

'가르치다'는 어떤 정보를 알려 주는 것입니다. "수학시간에 선생님이 나눗셈을 가르쳐 주셨다."처럼 쓰지요. 다시 말해 '가르치다'는 '배우다'의 반대말입니다.

(1) "누가 나에게 이 수학문제 푸는 방법을 (가리켜 / 가르쳐) 줄 수 있니?"

(2) 누가 내 과자를 몰래 먹었냐고 묻자 수현이가 슬며시 손가락으로 누리를 (가리켰다 / 가르쳤다).

(3) 아빠는 하늘을 (가리키시며 / 가르치시며) "저 별이 북극성이야."라고 알려 주셨다.

원인과 결과 찾기

어떤 이유 때문에 벌어진 상황을 결과라고 하고, 결과를 나타나게 한 이유(까닭)를 원인이라고 합니다. 어떤 원인 때문에 결과가 나타났는지 제대로 파악해야 글의 내용을 정확히 이해할 수 있어요.

어떻게
하나요?

✏️ '원인과 결과 찾기'는 이렇게 해요!

❶ 일어난 일(결과)과 그 까닭을 구분해요

글에서 일어난 일(결과)이 무엇인지, 그리고 그 일이 왜 일어났는지(원인)를 제대로 파악하면 글의 내용을 잘 이해할 수 있어요.

❷ 원인 또는 결과를 나타내는 문장 형태를 파악해요

'왜냐하면 ~하기 때문이다' 형태의 문장은 '원인'을 표현할 때가 많고, '~해서/하자 ~했다' 형태의 문장은 '결과'를 나타낼 때가 많습니다. 따라서 문장의 형태로 원인과 결과를 파악할 수 있어요.

❸ 글에 원인 또는 결과가 몇 개 나오는지 살펴요

한 가지 원인 때문에 여러 개의 결과가 나타날 수도 있고, 여러 원인이 합쳐져서 한 가지 결과를 만들 수도 있습니다. 이런 부분을 꼼꼼하게 살피면서 글을 읽어 보세요.

어떻게
묻나요?

✏️ 이런 질문이 나와요!

• 혜진이는 왜 감기에 걸렸나요?

• 정우가 도진이를 도와주지 않은 이유는 무엇인가요?

• 글의 밑줄 친 부분처럼 섬에 물이 부족해진 까닭은 무엇인가요?

원인과 결과 구분하기 ① 다음 문장의 밑줄 친 부분에 '원인' 또는 '결과'를 알맞게 써 보세요.

(1) <u>아이들은 정우와 친해지기 어려워한다.</u> 왜냐하면 <u>정우는 화를 잘 내기 때문이다.</u>
　　(　　　　　　　)　　　　　　　　　(　　　　　　　)

(2) <u>골목에 세워진 차가 너무 많아서</u> <u>소방차가 골목 안으로 들어오지 못했다.</u>
　　(　　　　　　　)　　　　(　　　　　　　)

(3) <u>초식 공룡의 수가 확 줄자</u> <u>육식 공룡의 수도 줄어들기 시작했다.</u>
　　(　　　　　)　　　(　　　　　　)

알맞은 원인 찾기 ② 다음 글을 읽고 주어진 활동을 해 보세요.

　윤선이는 감기에 걸렸습니다. 콧물이 계속 나오고 콜록콜록 기침을 하네요. 열이 나고 어지러워서 제대로 걷지도 못해요. 약을 먹고 침대에 누운 윤선이 귀에 엄마의 목소리가 들립니다.

　"선생님, 안녕하세요. 저 윤선이 엄마인데요. 윤선이가 감기가 심해서 오늘 학교에 못 갈 것 같아요. 어제 비가 많이 오는데 윤선이가 우산도 없이 비를 맞고 집까지 걸어왔지 뭐예요. 게다가 밤에 에어컨을 틀어놓고 이불도 안 덮고 자서 감기에 걸린 것 같아요. 오늘은 병원에 데리고 갔다가 집에서 쉬게 하겠습니다."

(1) 아래 원인과 결과 표의 빈칸을 알맞게 채워 보세요.

원인	결과
(　　　　　)에 걸려서	(　　　　　)에 가지 못하게 됨

(2) 다음 중 윤선이가 감기에 걸린 이유를 모두 고르세요.

　① 어제 비를 맞고 집에 와서　　② 감기 걸린 친구와 놀아서

　③ 몸을 따뜻하게 하지 않고 자서　④ 아이스크림을 많이 먹어서

주장과 근거 나누기

다른 사람에게 자기 생각을 강하게 표현하는 것을 주장이라고 하며, 주장을 내세우는 이유 또는 까닭을 근거라고 합니다. 글쓴이의 주장이 강하게 드러나는 글을 읽을 때는 주장을 뒷받침하는 근거를 잘 찾아내는 것이 중요해요.

어떻게 하나요?

 '주장과 근거 나누기'는 이렇게 해요!

❶ 글쓴이의 주장을 담은 내용을 찾아보아요

글에서 글쓴이가 강조해서 전달하려고 하는 내용을 찾아보세요. 주장을 나타낼 때는 '나는 ～라고 생각한다', '우리 모두 ～해야 합니다' 또는 '～해야겠다' 같은 말을 자주 씁니다.

❷ 주장을 뒷받침하는 근거를 찾아보아요

보통은 주장하는 문장이 먼저 나온 후에 근거를 나타내는 문장이 나오지만, 근거가 먼저 나온 후에 주장하는 문장이 나올 수도 있습니다. 그러므로 문장들이 어떻게 나열되었는지 살펴보는 게 도움이 됩니다. 또한 '～이기 때문입니다'와 같은 말은 주장에 대한 근거나 이유를 밝힐 때 자주 쓰이므로 이러한 말이 나오는지 문장의 형태를 확인하세요.

어떻게 묻나요?

 이런 질문이 나와요!

• 이 글의 글쓴이가 주장하는 것은 무엇인가요?

• 글쓴이의 주장에 관한 근거를 찾아 표에 정리해 보세요.

• 글쓴이는 왜 음식쓰레기를 줄여야 한다고 주장하였나요?

 **연습하기**

주장과 근거 찾기 ① 다음 글을 읽고 아래의 상자에서 엄마의 주장과 근거로 알맞은 것을 골라 보세요.

사랑하는 딸 지민에게

우리 지민이는 자기 일을 척척 알아서 잘하고, 동생도 잘 챙기고 같이 잘 놀아 주는 다정한 누나야. 엄마 아빠는 항상 지민이에게 고맙고, 지민이가 자랑스러워.

그런데 요즘 동생 때문에 많이 힘들지? 어제도 동생이 지민이 물건을 말도 없이 가져가서 지민이가 한참 찾은 거 알아. 물어보지도 않고 다른 사람의 물건을 가져가서 쓰는 것은 잘못된 행동이라고 엄마도 동생에게 이야기했단다.

그런데 지민아, 엄마가 부탁하고 싶은 게 하나 있어. 화가 나도 소리부터 지르지 말고, 먼저 왜 화가 났는지 동생에게 차분하게 이야기해 줄 수 있겠니? 동생은 자기가 무엇을 잘못했는지 잘 모르는데 누나가 소리부터 지르니까 많이 놀라고 마음이 상했다고 해. 그래서 누나 말을 듣지 않고 더 고집을 부렸다고 하더라.

그러니까 다음에는 동생이 뭔가를 잘못했을 때, 엄마는 지민이가 화부터 내지 말고 차근차근 설명해 주면 좋겠다고 생각해.

엄마가

주장

① 동생이 잘못된 일을 해도 큰소리로 야단치지 말고 잘 놀아 줘야 한다.
② 소리부터 지르지 말고 화난 이유를 동생에게 차분히 설명해 줘야 한다.

근거

① 누나가 소리부터 지르니까 놀라고 마음이 상해서 누나의 이야기를 듣지 않았다.
② 사람은 바뀌지 않고 계속 같은 행동을 하기 때문에 무조건 참는 게 좋다.

추론하기

주어진 정보를 바탕으로 앞으로 벌어질 일을 예상하거나 인물의 행동과 말을 통해 인물의 성격 등을 미루어 짐작하는 독해 기술을 추론하기라고 합니다. 추론하기는 글 속에 숨은 정보까지 파악할 수 있게 돕는 중요한 독해 기술입니다.

어떻게
하나요?

 '추론하기'는 이렇게 해요!

❶ 글에 있는 내용을 근거로 짐작해요

추론하기 문제를 풀 때 그럴 듯해 보이는 답이 있어도 그것과 관련되는 내용이 글 속에 없다면 잘못된 답입니다. '글에 나온 정보'만 가지고 짐작해야 합니다.

❷ 등장인물의 말과 행동을 잘 살펴보아요

등장인물의 말과 행동의 이유를 생각하면서 글을 읽으면, 등장인물의 성격이나 앞으로 등장인물이 할 행동을 짐작하기 쉬워집니다.

❸ 앞뒤 내용이 어떻게 연결될지 생각하면서 읽어요

앞으로 일어날 일을 예상할 때는 앞의 내용과 연결되는 고리가 있어야 합니다. 예상한 내용이 글의 흐름과 자연스럽게 이어지는지 생각하며 글을 읽어 보세요.

어떻게
묻나요?

 이런 질문이 나와요!

• 다음 중 앞으로 일어날 일로 가장 알맞은 것은 무엇일까요?

• 밑줄 친 대화를 통해 짐작할 수 있는 인물의 성격을 고르세요.

• 앞으로 준수는 공부할 때 무엇을 가장 중요하게 생각할까요?

 연습하기

성격과
할일
추론하기 **1** 다음 글을 읽고 질문에 답해 보세요.

어느 마을에 개미와 베짱이가 살고 있었습니다. 봄과 여름에 개미는 열심히 먹을 것을 모아서 집으로 날랐습니다. 하지만 베짱이는 낮잠을 자고 바이올린을 연주하면서 놀기만 했어요. 어느 날, 베짱이는 열심히 먹이를 나르는 개미에게 말했어요.

"이봐, 친구. 매일 그렇게 열심히 일할 필요가 있어? 우리 주변에는 먹을 게 많아. 그냥 신나게 먹고 놀고 즐기자고."

"베짱이야, 곧 먹이가 부족해지는 겨울이 다가올 거야. 겨울을 대비해서 나랑 같이 지금부터 먹을 것을 모아두는 게 어때?"

"싫어. 난 더 놀고 싶어. 그리고 우리가 사는 곳은 겨울이 짧고 별로 춥지 않으니까 굳이 음식을 모아둘 필요가 없어."

베짱이는 개미의 충고를 무시했어요.

가을이 지나고 어느덧 겨울이 왔어요. 그 해 겨울은 유난히 길고 추웠어요. 베짱이는 오랫동안 먹이를 구하지 못해서 배가 너무 고팠어요.

'그때 개미가 한 말을 들었어야 했는데! 지금쯤 개미는 따뜻한 집에서 배부르게 먹고 있겠지? 개미네 집에 가 볼까?'

베짱이는 개미의 충고를 듣지 않은 것을 후회했어요.

(1) 개미와 베짱이의 성격으로 알맞은 것을 선으로 이어 보세요.

　(ㄱ) 개미　•　　　　　•(가) 게으르고 어리석다

　(ㄴ) 베짱이　•　　　　　•(나) 부지런하고 지혜롭다

(2) 배가 고픈 베짱이는 어떻게 할 것 같은가요?

　① 부끄러워하며 개미 집에 먹을 것을 구하러 간다.

　② 개미에게 먹을 것을 내놓으라고 화를 낸다.

　③ 배고픔을 잊으려고 잠을 많이 잔다.

　④ 바이올린을 연주하며 즐겁게 논다.

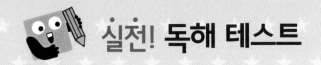

[1-4] 다음 글을 읽고 질문에 답해 보세요.

밤이 되고 어두워지면 집마다 전등을 켭니다. 그러면 대낮처럼 밝아져서 아무 불편 없이 활동을 할 수 있지요. 이렇게 어둠을 밝히는 전구를 처음 만든 사람이 누구인지 아시나요? 바로 토머스 에디슨입니다.

에디슨은 1,300개가 넘는 물건을 새롭게 만들어 내서 '발명왕'이라는 별명을 얻었습니다. 그가 ㉠발명한 수많은 물건은 사람들의 생활을 편리하게 해 주었습니다.

그런데 우리가 에디슨을 존경하는 이유는 그가 단순히 많은 것을 발명해서가 아니라 그의 끊임없는 도전 정신과 열정 때문입니다. 에디슨은 한두 번 실패했다고 연구를 그만두거나 포기하지 않았습니다. 그는 실패해도 실망하지 않고 계속 연구하였습니다. '실패는 성공의 어머니'라는 에디슨이 남긴 유명한 말은 그의 끈기와 열정, 도전하는 태도를 보여주는 ㉡명언입니다. 에디슨의 이러한 모습은 오늘날까지 사람들에게 큰 감동을 주고 있습니다.

 1 이 글의 글감은 무엇인가요?

① 빛을 내는 전구

② 에디슨의 열정과 도전 정신

③ 에디슨의 명언

④ 1,300여 개의 발명품

낱말 이해하기 ② 글을 읽고, 밑줄 친 ㉠발명과 ㉡명언의 뜻을 써 보세요.

㉠ 발명: _____ 것

㉡ 명언: _____

가리키는 말 알기 ③ 글의 밑줄 친 '이러한 모습'은 어떠한 모습인가요?

① 열심히 연구하지 않는 모습

② 실패했을 때 실망하는 모습

③ 생활이 편리해지게 도운 모습

④ 끈기와 열정, 도전하는 모습

주제 이해하기 ④ 이 글에서 글쓴이가 전하고자 하는 중요한 내용은 무엇인가요?

① 에디슨의 발명품으로 사람들의 생활이 편리해졌다.

② 에디슨의 위대한 발명품 때문에 사람들은 그를 존경한다.

③ '실패는 성공의 어머니'라는 에디슨의 말은 아주 유명하다.

④ 에디슨의 열정과 끈기, 도전 정신이 사람들에게 감동을 주고 있다.

[5-8] 다음 글을 읽고 질문에 답해 보세요.

미국자연사박물관에는 전 세계에서 가장 인기 있는 공룡 화석이 있다. 바로 티라노사우루스 렉스의 화석이다. '티라노사우루스 렉스'라는 이름은 '폭군 도마뱀'이란 뜻인데, 이 공룡 화석을 처음 찾아낸 사람은 어릴 때부터 화석을 좋아해서 화석 모으기가 취미였던 바넘 브라운이다. 어른이 되어서도 바넘 브라운은 남들이 찾지 못한 공룡 화석을 찾아내겠다는 꿈을 품고 시간이 날 때마다 화석을 찾으러 다녔다.

어느 날, 평소처럼 공룡 화석을 찾으러 나간 바넘 브라운은 처음 보는 화석을 발견했다. 어떤 공룡의 화석일지 궁금하게 여기면서 오랜 시간 동안 공룡의 화석 조각을 모았고, 7년이란 시간에 걸쳐 모은 화석들을 하나하나 맞추었다.

그렇게 해서 모습을 드러낸 공룡이 바로 14m 정도의 몸길이에 몸집이 거대하고 날카로운 이빨을 가진 티라노사우루스 렉스다. 1908년 미국자연사박물관에 이 엄청난 공룡 화석이 처음 전시되었을 때, 수많은 사람이 몰려들었다. 지금도 공룡을 사랑하는 전 세계 사람들은 이 멋진 공룡을 보기 위해 박물관에 간다.

- 몸길이 꼬리를 뺀 나머지 몸의 길이
- 전시 작품이나 여러 물건을 특별한 장소에 두고 사람들에게 보이는 것

 5 바넘 브라운이 처음으로 찾아낸 것은 어느 공룡의 화석이었나요?

_____

38

원인과 결과 찾기 6 바넘 브라운은 왜 화석을 찾으러 다녔나요?

① 티라노사우루스의 화석을 찾아내고 싶어서

② 다른 사람이 찾지 못한 공룡 화석을 찾아내고 싶어서

③ 박물관에서 새로운 화석을 찾아달라는 부탁을 받아서

④ 화석을 박물관에 비싸게 팔아 큰 돈을 벌고 싶어서

내용 파악하기 7 다음 중 글의 내용으로 바르지 <u>않은</u> 것은 무엇인가요?

① 티라노사우루스 렉스의 뜻은 '폭군 도마뱀'이다.

② 새로운 공룡 화석은 미국자연사박물관에 처음 전시되었다.

③ 사람들은 바넘 브라운이 찾은 공룡 화석에 관심이 없었다.

④ 발견한 화석 덕분에 티라노사우루스 렉스의 몸길이를 알게 되었다.

추론 하기 8 글을 통해 짐작할 수 있는 바넘 브라운의 성격은 어떤가요?

① 게으르고 열정이 없다.

② 그 무엇에도 관심이 없다.

③ 신경이 예민하고 날카롭다.

④ 부지런하고 끈기가 있다.

[9-12] 다음 글을 읽고 질문에 답해 보세요.

나는 시간이 날 때마다 게임을 하고 싶은데, 부모님은 하루에 30분만 하도록 허락해 주셨어요. 부모님은 내가 행복한 게 제일 중요하다고 하면서 왜 내가 좋아하는 일을 조금밖에 못하게 하시는지 모르겠어요. 그래서 오늘은 엄마에게 게임을 하는 시간을 늘려달라고 졸랐어요.

"엄마, 제 친구들은 하루에 적어도 한 시간은 게임을 한다는데, 저도 한 시간 하면 안 돼요? 솔직히 30분은 너무 짧아요."

"안 돼. 게임은 하루에 30분만 해. 화면을 오래 보면 눈이 피로해져서 금방 눈이 나빠질 수 있어."

"에이, 그 정도 했다고 눈이 나빠지진 않을 거예요. 딱 한 시간만 할게요. 약속!"

"한 시간 하고 나면 두 시간, 세 시간, 계속 시간을 늘리고 싶어질 거야. 지금도 태준이가 스스로 게임을 그만두지 못하잖아. 지난주 금요일에는 잠도 안 자고 몰래 게임하다가 엄마에게 야단맞은 거 기억나지?"

엄마 말이 사실이라 나는 할 말이 없었어요.

"태준이가 게임하는 것을 얼마나 좋아하는지 엄마도 잘 알아. 게임을 잘하는 것도 좋지만, 엄마는 태준이가 게임만 하는 게 아니라 친구들과 많이 뛰어 놀고 운동도 열심히 했으면 좋겠어."

"알았어요, 엄마. 게임은 지금처럼 30분만 할게요. 그리고 친구들과 함께 할 수 있는 운동도 찾아볼게요."

• 피로 지치고 힘든 상태

내용 파악하기 9 태준이는 무엇을 하는 것을 가장 좋아하나요?

_____

주장과 근거 나누기 11 태준이의 주장에는 '태준', 엄마의 주장에는 '엄마'에 동그라미 치세요.

게임을 하루에 30분만 해야 한다.	태준 / 엄마
게임을 하루에 한 시간은 해야 한다.	태준 / 엄마

주장과 근거 나누기 11 다음 중 엄마의 주장에 대한 근거로 알맞은 것을 <u>모두</u> 고르세요.

① 태준이는 게임하는 것을 가장 좋아한다.

② 한번 게임하는 시간을 늘리면 더 늘리고 싶어질 수 있다.

③ 태준이 친구들은 하루에 한 시간씩 게임을 한다.

④ 게임을 오래 하면 눈이 금방 나빠질 수 있다.

내용 파악하기 12 엄마가 태준이에게 진짜로 원하는 것은 무엇인가요?

① 태준이가 친구들과 뛰어 놀고 운동을 하는 것

② 태준이가 지금보다 더 열심히 공부하는 것

③ 태준이가 친구들보다 게임을 훨씬 잘하는 것

④ 태준이가 게임을 전혀 하지 않는 것

[13-15] 다음 글을 읽고 질문에 답해 보세요.

'낮말은 새가 듣고 밤말은 쥐가 듣는다'라는 속담을 들어 본 적 있나요?

이 말 안에는 과학적인 원리가 담겨 있어요. 낮에는 햇빛을 받아 땅이 따뜻해지기 때문에 땅과 가까운 곳은 공기가 따뜻하고, 하늘로 올라갈수록 공기가 점점 차가워져요. 소리는 차가운 공기 쪽으로 휘는 성질이 있습니다. 따라서 낮에는 공기가 차가운 하늘을 나는 새가 소리를 더 잘 들을 수 있겠지요.

반대로, 밤에는 땅이 식으면서 땅 가까운 곳의 공기가 차가워져요. 하늘은 낮 동안의 온기가 남아서 공기가 땅보다 따뜻하지요. 그래서 밤에는 하늘보다 땅에 있는 쥐가 소리를 잘 들을 수 있는 거예요.

속담에도 과학 원리가 담겨 있다니 참 재미있지요?

· 원리 어떤 일을 일어나게 하고 계속 유지되게 하는 기본 틀

 13 글의 밑줄 친 이 말이 무엇을 가리키는지 쓰세요.

_____

_____

 14 속담처럼 낮에 하늘의 새가 소리를 더 잘 들을 수 있다면, 그 이유는 무엇인가요?

_____

_____

분류 하기 **15** 아래의 ㉠~㉣ 중 낮에 관한 설명에는 표의 '낮' 칸에, 밤에 대한 설명에는 '밤' 칸에 기호를 쓰세요.

㉠ 햇빛 때문에 땅과 가까운 곳의 공기가 따뜻하다.

㉡ 온기가 남아서 하늘 쪽의 공기가 따뜻하다.

㉢ 소리가 하늘에서 땅 쪽으로 휜다.

㉣ 소리가 땅에서 하늘 쪽으로 휜다.

낮	밤

무엇을 읽을까

1과 적응과 활동

건강하고 즐겁게 생활하기 위해 학교에서는 무엇을 배울까요? 학교에서 하는 다양한 활동에는 무엇이 있는지도 생각해 봅시다.

목표

다음 독해 기술을 이용해 봅시다.

- ☑ **낱말 이해하기**
- ☑ **가리키는 말 알기**
- ☑ **글감 파악하기**
- ☑ **주제 이해하기**
- ☑ **내용 파악하기**
- ☑ **분류하기**
- ☑ **적용하기**
- ☑ **원인과 결과 찾기**
- ○ 주장과 근거 나누기
- ○ 추론하기

교과서 연계

- [1학년 1학기] 봄(통합) 1단원 '학교에 가면'
- [2학년 1학기] 여름(통합) 1단원 '이런 집 저런 집'
- [2학년] 안전한 생활 1단원 '생활 안전'
- [2학년 2학기] 국어 9단원 '주요 내용을 찾아요'
- [3학년 1학기] 국어 3단원 '알맞은 높임 표현'

학교에서 즐겁게 지내기 위해 지켜야 할 일을 나타낸 그림과 어울리는 설명을 〈보기〉에서 골라 기호를 쓰세요.

1

2

3

4

5

6

〈보기〉

(가) 계단이나 복도에서 질서 있게 다니기

(나) 화가 나도 친구를 때리거나 친구와 싸우지 않기

(다) 손을 자주 씻기

(라) 급식에 나온 음식을 골고루 먹기

(마) 선생님이나 친구에게 밝게 인사하기

(바) 다문화 가정 친구들과 사이좋게 지내기

안녕? 나는
사다리 맨이야!

01

● 다문화 가정의 친구들과 어떻게 지내야 할까요?

"오늘부터 세계 여러 나라의 문화를 배우기로 했지요? 이번 시간에는 베트남 문화를 소개해 주실 특별한 선생님을 한 분 모셨어요. 동현이 어머니, 들어오세요."

선생님의 소개가 끝나자 교실 문이 열리고 엄마 모습이 보였어요. 아주 어릴 때는 내가 친구들과 다르다는 생각을 별로 하지 않았어요. 하지만 유치원에 다니면서부터 다른 친구들은 대부분 엄마, 아빠가 한국 사람인데 나는 엄마가 베트남 사람이어서 조금 이상하다고 생각했어요. 엄마는 베트남과 한국의 문화가 달라서 가끔 힘들다고도 했어요. 우리 집 같은 가정을 '다문화 가정'이라고 하더라고요. 다른 엄마들과 생김새가 다르고 한국말이 서툰 우리 엄마가 부끄러울 때도 있었는데, 그런 엄마가 친구들 앞에 선다고 하니 마음이 두근두근 떨렸어요.

엄마는 베트남 음식인 쌀국수와 월남쌈, 그리고 바게트로 만든 샌드위치 반미를 소개해 주셨어요. 한국말은 조금 서툴러도 당당하게 베트남을 소개하시는 엄마의 모습이 참 멋졌어요. 여자아이들은 엄마가 입고 오신 베트남 전통의상 아오자이를 보며 예쁘다고 했어요.

"너 베트남 가 봤어? 외할머니댁이 베트남이라면서?"

수업이 끝나자, 아이들이 우르르 내 주위로 몰려들어서 이것저것 물어봤어요.

가끔 우리 엄마가 베트남에서 왔다는 이야기에 이상한 눈으로 쳐다보는 친구들도 있어요. 하지만 이제 나는 우리 엄마가 자랑스러워요.

단어 뜻 보기

가정 함께 생활하는 한 가족

서툴러도 일이 익숙하지 않아서 잘 못해도
⑧ 서투르다

전통의상 한 나라의 국민이 과거부터 입었던 옷

1 동현이네 부모님처럼 다른 문화에서 자란 사람들이 결혼해서 만든 가정을 무엇이라고 하나요?

가정

 2 동현이 어머니는 어느 나라에서 오셨나요?

① 중국   ② 일본

③ 베트남   ④ 필리핀

3 글을 읽고 〈보기〉의 기호를 베트남 음식과 전통의상으로 나누어 써 보세요.

〈보기〉
ㄱ 반미   ㄴ 아오자이   ㄷ 쌀국수   ㄹ 월남쌈

베트남 음식	베트남 전통의상

4 다문화 가정의 친구들과 지낼 때 올바른 태도는 무엇인가요?

① 한국말이 서툴다고 놀린다.

② 나와 다르게 생겼다고 따돌린다.

③ 다른 외모나 문화를 이해하려 노력한다.

④ 우리와 다른 문화를 이상하게 생각한다.

02

● 하루에 스마트폰을 얼마나 오래 사용하나요?

〈가족과 함께하는 스마트폰 이별 주간 가정통신문〉

안녕하십니까?

다락초등학교에서는 6월 1일(월)부터 6월 7일(일)까지 7일간을 '가족과 함께하는 스마트폰 이별 주간'으로 정하고자 합니다. 자녀와 함께 올바른 스마트폰 사용에 관해 이야기를 나눈 후 '우리 가족 스마트폰 이용 약속'을 정하여 실천해 주시기 바랍니다.

우리 가족 스마트폰 이용 약속

우리 가족은 스마트폰을 올바르게 사용하기 위하여
아래 약속을 꼭 지키겠습니다.

1. 밤 (　　　)시가 넘으면 스마트폰을 사용하지 않겠습니다.

2. _____

3. _____

20◯◯년 ◯월 ◯일

가족 이름:　　　(인) 가족 이름:　　　(인)
가족 이름:　　　(인) 학생 이름:　　　(인)

● 스마트폰 사용 도우미

1 스마트폰은 쓰고 싶은 마음을 참을 수 있을 정도로 참을성이 생겼을 때, 즉 스스로 조절할 수 있을 때 사는 것이 좋아요.

2 잠자기 두 시간 전부터는 스마트폰을 사용하지 않아요.

3 식사할 때나 대화할 때는 스마트폰을 보지 않아요.

4 일주일 중에 하루는 스마트폰을 쉬는 날로 정해요.

5 불필요한 게임이나 앱은 내려받지 말고, 받았다면 빨리 삭제해요.

단어 뜻 보기

이별 오랫동안 떨어져 있거나 헤어짐

주간 일요일부터 월요일까지 한 주 동안

조절 어떤 상태를 알맞은 수준으로 맞추는 것

삭제 내용이나 기록을 지움

★★ 주제 이해 1 가정통신문에서 가장 중요하게 전하는 내용은 무엇인가요?

① 스마트폰을 절대로 사용하지 말자.

② 스마트폰을 올바르게 사용하자.

③ 식사 시간에 스마트폰을 보지 말자.

④ 좋은 게임과 앱을 잘 내려받자.

★★ 내용 파악 2 가정통신문에서 말하는 스마트폰을 사용하는 방법으로 올바르지 <u>않은</u> 것은 무엇인가요?

① 잠자기 두 시간 전부터 스마트폰을 사용하지 않는다.

② 일주일 중 하루를 스마트폰 쉬는 날로 정한다.

③ 식사 시간이나 대화 중에도 스마트폰을 사용한다.

④ 불필요한 게임이나 앱은 빨리 삭제한다.

★★ 내용 파악 3 가정통신문에서 스마트폰은 언제 사는 것이 좋다고 하였나요?

스마트폰 사용을 스스로 ☐☐ 할 수 있을 때

이번 주 토요일에 어디서 보자고 할까?

03

● 식중독을 예방하려면 어떻게 해야 할까요?

무더운 여름철이 되면 식중독으로 고생하는 사람이 많아집니다. 식중독은 음식 속에 있는 해로운 미생물이나 미생물이 만들어 내는 독 때문에 생기는 병을 말합니다. 이러한 식중독을 예방하기 위해서는 어떻게 해야 할까요?

첫째, 음식을 만들기 전이나 식사하기 전에 손을 깨끗하게 씻으세요.

둘째, 음식을 만들 때 칼과 도마를 잘 소독해서 사용하세요. 육류와 해산물, 채소 등 사용하는 재료에 따라 칼과 도마를 나눠서 사용하는 것이 좋습니다.

셋째, 채소는 반드시 냉장 보관해야 합니다. 채소나 과일을 씻을 때는 식초를 탄 물에 5분 이상 담근 후 3회 이상 깨끗하게 씻으세요.

넷째, 육류와 해산물 등은 완전히 익혀서 먹는 것이 안전하고 물도 끓여서 마시는 것이 좋습니다.

음식을 먹은 후에 배가 아프거나 구토 또는 설사를 하고, 같은 음식을 먹은 사람 중 두 명 이상이 ㉠이런 증상을 보이면 식중독일 수 있습니다. 구토나 설사를 할 때는 미지근한 보리차나 물을 자주 마시고, 그래도 상태가 나아지지 않으면 병원에 가서 치료받아야 합니다.

단어 뜻 보기

미생물 눈으로 볼 수 없는 아주 작은 생물

소독 열이나 빛, 약품으로 나쁜 균 등을 죽임

해산물 생선, 조개, 해초 등 바다에서 나는 것

익혀서 열로 삶거나 구워서 ⑱ 익히다

구토 먹은 음식을 토함

증상 병에 걸렸을 때 나타나는 여러 모습과 상태

★★
글감
파악 **1** 이 글은 주로 무엇을 설명하고 있나요?

① 식중독 치료

② 식중독 예방법

③ 식중독 증상

④ 식중독을 일으키는 것

★★★
내용
파악 **2** 식중독에 관한 설명으로 바른 것에는 O를, 잘못된 것에는 ×를 표시하세요.

(1) 식중독은 추운 겨울철에 많이 걸린다.   (   )

(2) 식중독은 사람들이 먹는 음식과 관련이 있다.   (   )

(3) 식중독에 걸리면 미지근한 물을 자주 마시는 게 좋다.   (   )

★★★
가리키는
말 알기 **3** 밑줄 친 ㉠이런 증상이 어떤 증상인지 글에서 찾아 쓰세요.

(1) _____ 증상

(2) _____ 를 하는 증상

(3) _____ 를 하는 증상

★★
내용
파악 **4** 식중독에 걸리지 않기 위한 방법으로 알맞지 <u>않은</u> 것은 무엇인가요?

① 음식을 만들기 전에 손을 깨끗이 씻는다.

② 육류나 해산물은 완전히 익혀서 먹는 것이 좋다.

③ 음식을 만들 때 칼과 도마를 잘 소독해서 사용한다.

④ 같은 칼과 도마로 육류, 해산물, 채소 등을 손질한다.

04

● 태극기를 어떻게 달아야 하는지 알고 있나요?

"내일은 현충일이죠? 여러분, 태극기를 직접 달아 본 적 있나요?"

"당연하죠. 우리 집에서는 제가 항상 태극기를 달아요."

태극기를 손에 드신 선생님은 빙그레 웃으며 민정이 곁으로 다가가셨습니다.

"그럼 민정이가 현충일에 태극기를 어떻게 달아야 하는지 친구들에게 보여 줄래요?"

"그냥 매달기만 하면 되는 거 아니에요? 방법이 따로 있어요?"

"그럼요. 먼저 깃봉과 깃 면 사이를 떼지 않고 다는 방법이 있어요. 5대 국경일이라고 말하는 3·1절, 제헌절, 광복절, 개천절, 한글날, 그 외에 정부가 지정한 날이나 평소에는 태극기를 ㉠이렇게 달아요."

"그러면 현충일에는 어떻게 달아야 해요?"

"다른 사람의 죽음을 슬퍼하는 것을 조의라고 하는데, 조의를 표현하는 날에는 국기를 깃봉으로부터 깃 면의 세로 너비만큼 내려서 달아야 해요. 대통령처럼 국민의 존경을 받는 분이 돌아가시면 나라에서 장례를 치르는데 그 기간에 조의를 표하는 태극기를 달아요. 마찬가지로, 나라를 위해 목숨을 바치신 분들을 기리는 현충일에도 태극기를 ㉡그렇게 달죠."

민정이와 아이들은 태극기를 다는 방법이 기념일에 따라 달라진다는 사실이 신기했습니다.

깃봉
깃 면

단어 뜻 보기

달아 끈이나 줄로 매어서 떨어지지 않게 하여
웬 달다

깃봉 깃대 끝에 있는 연꽃 모양의 장식

국경일 나라의 경사를 기념하고 축하하기 위해 법으로 정한 날

장례 죽은 사람을 떠나보내는 예식

기리는 위인이나 업적을 칭찬하고 기억하는
웬 기리다

주제 이해 ★★ **1** 글에서 알맞은 낱말을 찾아 글의 주제를 완성하세요.

기념일에 따라 ☐☐☐ 를

다는 방법이 ☐☐☐ .

내용 파악 ★★ **2** 다른 사람의 죽음을 슬퍼하는 마음을 표현해야 하는 날에는 국기를 어떻게 달아야 하나요?

① 깃봉과 깃 면 사이를 떼지 않고 단다.

② 깃봉으로부터 깃 면의 세로 너비만큼 내려서 단다.

③ 깃봉으로부터 깃 면의 가로 너비만큼 내려서 단다.

④ 깃봉과 깃 면 사이를 자기가 원하는 만큼 떼서 단다.

가리키는 말 알기 ★★★ **3** 밑줄 친 ㉠이렇게와 ㉡그렇게는 각각 어떤 방법인지 찾아 쓰세요.

㉠ : _____ 다는 방법

㉡ : _____ 다는 방법

분류 하기 ★★★ **4** 국기를 다는 방법에 맞게 〈보기〉의 기호를 알맞은 칸에 쓰세요.

〈보기〉
㉠ 3·1절   ㉡ 광복절   ㉢ 현충일   ㉣ 개천절

	국기를 다는 모양	기호
(1)		
(2)		

05

● 부모님이 참관수업에 오시면 많이 떨리나요?

　오늘은 혜진이네 학교에서 학부모 참관수업이 있는 날입니다.

　1교시를 마치고 쉬는 시간이 되자 복도에 부모님이 한두 분씩 와서 등록부에 이름을 쓰고 교실에 들어오셨습니다. 직장 때문에 엄마가 오지 못하는 혜진이는 부모님이 오신 친구들이 부러웠습니다.

　수업시간에는 상황에 따른 바른 인사법을 공부하고 모둠별로 역할극을 했습니다. 혜진이네 모둠은 등굣길에 선생님을 만났을 때 어떻게 인사해야 하는지 보여 주기로 했습니다. 역할극을 시작했을 때 선생님 역할을 맡은 현수가 아무 말도 못하더니 갑자기 울음을 터뜨렸습니다.

　"현수야, 괜찮아. 울지 마."

　친구들이 격려해 주었지만, 현수는 더 큰 소리로 울었습니다. 평소에도 발표할 때면 떨던 현수였습니다. 아무래도 부모님도 계시고 사람들이 많아서 무척 부담스러웠던 모양이었습니다. 현수 역할을 혜진이가 대신하고 역할극은 마무리되었습니다.

　수업이 끝나자 아이들은 부모님들께 모여들었습니다. 현수 어머니는 현수를 꼭 안으며 "괜찮아. 사람들이 많아서 더 떨렸지? 노력하다 보면 점점 자신감이 생길 거야."라고 말씀하셨습니다. 다른 부모님들도 부쩍 의젓해진 아이들이 대견해서 머리를 쓰다듬어 주셨습니다. 혜진이는 오늘 수업에 열심히 참여한 자신이 자랑스러웠습니다.

단어 뜻 보기

참관 어떤 자리에 직접 찾아가서 보는 것

모둠 반에서 수업 때 함께 활동할 수 있게 학생들을 몇 명씩 묶은 그룹

부담스러웠던 어떤 일을 떠맡거나 해내야 해서 마음이 불편했던
㉿ 부담스럽다

의젓해진 점잖게 행동하게 된

대견해서 자랑스럽고 흐뭇해서 ㉿ 대견하다

① 어떤 날의 이야기를 적은 글인가요?

학부모 ☐☐☐☐ 이 있었던 날

② 혜진이에 관한 내용에는 '혜진', 현수에 관한 내용에는 '현수'를 쓰세요.

(1) 직장 때문에 엄마께서 학교에 오지 못하셨다.　　　(　　　)

(2) 부담스러웠는지 역할극을 제대로 못하고 울었다.　　　(　　　)

(3) 선생님 역할을 대신 맡아 역할극을 끝냈다.　　　(　　　)

③ 다음 중 글의 내용으로 바르지 않은 것은 무엇인가요?

① 부모님들은 1교시 수업을 참관했다.

② 혜진이네 반은 모둠별로 역할극을 했다.

③ 현수 어머니는 현수를 따뜻하게 안으셨다.

④ 수업 때 상황에 따른 바른 인사법을 공부했다.

④ 참관수업 후 부모님들의 마음은 어떠했는지 글에서 찾아 빈칸에 쓰세요.

부쩍 ☐☐ 해진 아이들이 ☐☐ 했다.

06

● 음식을 가려 먹는 것은 왜 나쁠까요?

"이게 뭐야. 콩나물 무침, 양배추 샐러드, 가지 조림⋯⋯. 채소가 너무 많잖아!"

다음 주 급식 안내장을 받고 웅성거리는 아이들을 보며 선생님은 웃으며 말씀하셨습니다.

"여러분, 채소가 별로 맛이 없나요? 선생님도 어릴 적에는 편식이 심해서 채소는 빼고 고기만 주로 먹었어요. 그런데 하루는 감기에 심하게 걸려서 병원에 갔어요. 의사 선생님께서 몸의 면역력이 약해지면 감기 같은 병에 쉽게 걸린다고 말씀하시더군요. 면역력은 우리 몸속으로 들어온 세균이나 바이러스에 싸우는 힘을 말하는데, 선생님은 음식을 골고루 먹지 않아서 그 힘이 약해진 거죠."

"면역력을 높이려면 어떤 음식을 먹어야 하는데요?"

"양파, 버섯, 마늘을 먹으면 면역력이 높아져요. 이 밖에도 여러 가지 채소를 골고루 먹어야 건강해져요. 눈을 보호하는 당근, 뼈를 튼튼하게 하는 콩, 피로감을 줄이는 오이도 좋죠."

"선생님, 그럼 고기나 생선은 몸에 나빠요?"

"아니에요. 고기에는 여러분 같은 성장기 어린이의 뼈와 근육을 만드는 데 꼭 필요한 영양소가 들어 있어요. 생선은 두뇌 발달에 도움이 되죠. 하지만 고기나 생선만 먹으면 영양 균형이 깨지니까 여러 가지 채소도 함께 먹어야 해요."

선생님 말씀이 끝나자 아이들은 오늘부터 열심히 채소를 먹겠다고 결심했습니다.

단어 뜻 보기

성장기 몸이 자라는 시기

영양소 살아가는 데 필요한 힘과 에너지를 주는 물질

균형 어느 한쪽으로 기울거나 치우치지 않고 고른 상태

결심 어떤 일을 어떻게 하기로 굳게 마음 먹음

1 다음 뜻에 해당하는 낱말을 글에서 찾아 쓰세요.

(1) 골고루 먹지 않고 좋아하는 음식만 먹는 것 ☐☐

(2) 몸속에 들어온 세균이나 바이러스에 싸우는 힘 ☐☐☐

 2 글에서 알맞은 내용을 찾아 아래 원인과 결과 표를 완성하세요.

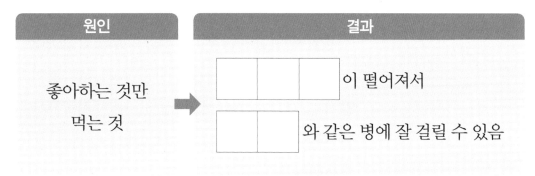

원인	결과
좋아하는 것만 먹는 것	☐☐☐ 이 떨어져서
	☐☐ 와 같은 병에 잘 걸릴 수 있음

3 다음 음식 재료와 그것이 우리 몸에 미치는 영향을 알맞게 선으로 이어 보세요.

(1) 고기 •   • (ㄱ) 뼈를 튼튼하게 한다.

(2) 당근 •   • (ㄴ) 두뇌를 발달시킨다.

(3) 콩　 •   • (ㄷ) 눈을 보호한다.

(4) 양파 •   • (ㄹ) 뼈와 근육을 만든다.

(5) 생선 •   • (ㅁ) 면역력을 높인다.

4 앞으로 급식 시간에 음식을 어떻게 먹어야 할까요?

① 내가 좋아하는 반찬만 먹는다.

② 싫어하는 반찬은 친구에게 준다.

③ 생선, 고기, 채소를 골고루 먹는다.

④ 채소만 먹고 생선과 고기는 먹지 않는다.

● 높임말을 바르게 사용하려면 어떻게 해야 할까요?

　높임말은 부모님이나 선생님처럼 웃어른께 쓰는 말로, 상대방을 높이는 뜻이 있어요. 높임의 뜻이 없이 친구들 사이에서 쓰는 말은 예사말이라고 해요. 요즘은 부모님께 높임말을 쓰지 않는 어린이들이 많지요? 하지만 부모님을 공경하는 마음을 담아 높임말을 쓰면 부모님께서도 여러분을 대견해 하실 거예요.

　그럼 높임말에는 어떤 것들이 있는지 살펴볼까요?

　첫째, 말 자체에 높임의 뜻이 있는 단어들이 있어요. '생일' 대신 '생신', '말' 대신 '말씀', '나이'가 아니라 '연세', '이름' 대신 '성함'을 쓰는 것처럼 단어 자체가 예사말과 다른 것들이에요.

아빠, 생신 축하드려요!

딸! 생일은 어제였지만, 고맙다!

　둘째, 행동을 표현하는 단어에 '시'를 넣어 높임의 뜻을 나타내기도 해요. 예를 들어, '보다–보시다', '오다–오시다', '하다–하시다', '주다–주시다'처럼 행동에 '–시–'를 붙이면 높임의 뜻이 담겨요.

단어 뜻 보기

웃어른 나이와 지위가 나보다 높은 사람

공경 공손히 받들어 모시는 것

이번 주 용돈이야. 아껴 써.

엄마, 더 주시면 좋겠어요!

셋째, 자기 자신을 낮추는 뜻을 가진 단어들이 있어요. '나-저', '우리-저희' 같은 단어인데, 자기를 낮춤으로써 듣는 사람을 높이는 것이지요. 그런데 '우리나라', '우리말', '우리글'에는 '저희'를 쓰면 안 돼요. 상대가 누구든지 간에 우리나라, 우리글이 그 사람보다 아래에 있을 수는 없으니까요.

선생님은 사과를 안 좋아하는데, 줄까?

저희에게 편식은 나쁘다고 말씀하셨는데요.

지금까지 높임말에 관해 배웠어요. 여러분, 이제부터는 높임말을 잘 쓸 수 있겠죠?

주제 이해 ★ 1 글쓴이가 말하고 싶어하는 내용을 써 보세요.

을 올바르게 사용하자.

낱말 이해 ★★ 2 친구들 사이에 쓰는 것으로, 높임의 뜻이 없는 말을 무엇이라고 하나요?

〈보기〉의 단어들을 높임말과 예사말로 나누어 표에 쓰세요.

〈보기〉
| 생일 | 오다 | 말씀 | 성함 | 나 | 주시다 |

높임말	예사말

낱말과 높임말의 종류에 관한 알맞은 설명을 선으로 이어 보세요.

(1) 연세   •   • (ㄱ) 자기 자신을 낮추는 말

(2) 저희   •   • (ㄴ) 행동을 표현하는 단어에 '시'를 넣은 말

(3) 오시다   •   • (ㄷ) 말 자체에 높임의 뜻이 있는 말

아래 일기의 밑줄 친 부분을 바르게 고쳐 써 보세요.

> 우리 아빠는 저희나라의 유명한 가수다. 나는 그런 아빠가 무척 자랑스럽다.
>
> 오늘은 아빠의 생일이다. 나와 동생은 아빠께 드릴 작은 선물을 샀다.
>
> "아빠, 우리가 선물을 준비했어요."
>
> 아빠는 빙그레 웃으며 내 머리를 쓰다듬어 주셨다.

(1) 저희나라 → (   )   (2) 생일   → (   )

(3) 우리   → (   )   (4) 웃으며 → (   )

✪ 나만의 이야기 만들기 ✪

친구들과 대화하고 게임을 하느라, 또는 좋아하는 연예인의
동영상을 보느라 스마트폰을 너무 자주 사용하고 있지 않나요?
가족과 이야기를 나누면서 '우리 가족의 스마트폰 이용 약속'을 써 보세요.

우리 가족 스마트폰 이용 약속

저는 스마트폰으로 .... 을(를) 하고 .... 을(를)

하느라 보통 하루에 .... 시간 스마트폰을 사용합니다.

저뿐 아니라 우리 가족도 평소 스마트폰을 많이 씁니다.

우리 가족은 스마트폰을 올바르게 사용하기 위하여

아래의 약속을 꼭 지키겠습니다. ✦

1. 밤 .... 시가 넘으면 스마트폰을 사용하지 않겠습니다.

2. ....

3. ....

4. ....

5. ....

20○○년 ○월 ○일

가족 이름: (인)
가족 이름: (인)
가족 이름: (인)
가족 이름: (인)

◆ 정답은 없으니 자유롭게 써 보세요.

2과 바른 인성

다른 사람의 입장을 먼저 배려하고, 바르고 고운 말을
쓰는 것이 왜 중요한지 생각해 봅시다.

목표

다음 독해 기술을 이용해 봅시다.

○　　낱말 이해하기

○　　가리키는 말 알기

☑　　**글감 파악하기**

☑　　**주제 이해하기**

☑　　**내용 파악하기**

☑　　**분류하기**

☑　　**적용하기**

☑　　**원인과 결과 찾기**

○　　주장과 근거 나누기

☑　　**추론하기**

내가 도와줄게

교과서 연계
- [1학년 1학기] 국어 5단원 '다정하게 인사해요'
- [2학년 2학기] 국어 8단원 '바르게 말해요'
- [2학년 2학기] 국어 10단원 '칭찬하는 말을 주고받아요'
- [2학년 2학기] 가을(통합) 1단원 '동네 한 바퀴'
- [3학년] 도덕 1단원 '나와 너, 우리 함께'

다음 상황에 어울리는 바람직한 행동은 무엇일까요?

1. 내가 친구에게 잘못된 행동을 했을 때

(ㄱ) 나의 잘못을 솔직하게 인정하고 사과한다.

(ㄴ) 사과하고 싶지 않으니까 그냥 모른 척한다.

2. 친구가 고민을 말하고 싶어할 때

(ㄱ) 큰 도움이 안 될 것이므로 고민을 귀담아 듣지 않는다.

(ㄴ) 고민을 진지하게 들어 주고 함께 해결 방법을 찾아본다.

3. 장애를 가진 친구와 같은 모둠이 되었을 때

(ㄱ) 장애를 가진 친구가 해야 할 활동을 모두 내가 대신해 준다.

(ㄴ) 나와 친구의 다른 점을 알고 불편하지 않게 배려한다.

4. 친구들과 잘 어울리지 못하는 친구를 볼 때

(ㄱ) 잘 어울리지 못하는 친구에게 먼저 다가가서 함께 놀자고 이야기한다.

(ㄴ) 다른 친구들이 어울리지 않는 이유가 있을 것이므로 굳이 친해지려 하지 않는다.

새로운 과를 시작하자!

01

● 어떤 일을 하기 싫어서 꾀를 부린 적 있나요?

옛날 옛적에 소금을 팔러 다니는 장사꾼이 있었어요. 어느 날 장사꾼은 당나귀 등에 소금을 잔뜩 싣고 이웃 마을로 가고 있었어요. 무거운 짐을 등에 싣고 한참을 걷는 동안 당나귀는 너무 힘들어서 쉬고 싶은 마음뿐이었어요.

〈가〉

마침내 시원한 시냇물 앞에 다다랐을 때 당나귀는 물도 마시고 쉬었다 가고 싶었지만, 장사꾼은 마을에 일찍 도착하기 위해 당나귀를 잡아끌었어요.

〈나〉

그 순간, 당나귀의 발이 미끄러지면서 시냇물 속으로 풍덩 빠지고 말았어요. 한참을 물속에서 허우적거리다가 일어난 당나귀는 무거웠던 짐이 가벼워져서 깜짝 놀랐어요.

〈다〉

꾀가 생긴 당나귀는 그 뒤부터 짐이 무거우면 가다가 시냇물에 일부러 빠지곤 했어요.

그러던 어느 날, 장사꾼은 당나귀 등에 솜을 잔뜩 싣고 이웃 마을로 팔러 갔어요. 시냇물에 다다랐을 때 <u>당나귀는 이번에도 일부러 휘청거리며 물에 빠졌어요.</u>

〈라〉

당나귀는 다시 일어나려고 했지만, 물을 빨아들여서 무거워진 솜 때문에 도저히 일어날 수가 없었어요. 하지만 이유를 모르는 당나귀는 일어나려고 계속 버둥거렸어요.

꾀를 부리던 당나귀는 주인에게 혼이 난 후 훨씬 무거워진 솜을 등에 짊어지고 힘겹게 걸어갔답니다.

당나귀 살려~!

단어 뜻 보기

한참 꽤 지난 시간

허우적거리다가 팔다리를 이리저리 마구 내두르다가 ⑧ 허우적거리다

꾀 일을 잘 해나가기 위해 생각해낸 방법, 요령

버둥거렸어요 팔다리를 내두르며 몸을 움직였어요 ⑧ 버둥거리다

1 맨 처음 당나귀는 왜 시냇물에 빠졌나요?

① 발이 미끄러져서 빠졌다.

② 꾀를 부리느라고 일부러 빠졌다.

③ 다른 당나귀와 부딪히는 바람에 빠졌다.

④ 등에 싣고 있는 소금이 너무 무거워서 빠졌다.

2 아래 상자 안의 당나귀가 한 생각은 글의 〈가〉, 〈나〉, 〈다〉, 〈라〉 중 어디에 들어가는 것이 가장 알맞을까요?

> '우와, 물에 빠졌다 나오기만 하면 짐이 이렇게 가벼워지는구나. 이렇게 좋은 걸 이제야 알았네.'

① 〈가〉　　　② 〈나〉　　　③ 〈다〉　　　④ 〈라〉

 3 글의 밑줄 친 부분에서 당나귀는 왜 일부러 물에 빠졌을까요?

① 이웃 마을로 가기 싫어서

② 등의 짐을 더 무겁게 하려고

③ 목이 말라 물을 마시고 싶어서

④ 등에 진 짐을 가볍게 만들려고

4 이 글에서 배울 수 있는 교훈으로 가장 알맞은 것은 무엇인가요?

① 등에 무거운 짐을 많이 지면 당나귀가 힘들다.

② 잘못된 꾀를 부리지 말고 성실하게 일해야 한다.

③ 당나귀처럼 사람에게 도움을 주는 동물을 사랑해야 한다.

④ 솜을 물에 적시면 무거워진다는 과학 지식을 알아야 한다.

02

● 나는 친구들에게 따뜻하고 친절하게 말하고 있나요?

지은이네 반에서는 거친 말을 쓰는 친구들 때문에 다툼이 자주 일어나곤 했어요. 선생님은 말에도 힘이 있다고 하시며, 얼마 전 텔레비전에 나왔던 재미있는 실험을 해 보자고 말씀하셨어요.

〈첫 번째 실험〉

이제 막 지은 쌀밥을 병 두 개에 나누어 담고 하나에는 '고맙습니다', 다른 하나에는 '짜증 나'라는 말을 붙였어요. 그리고 한 달 동안 매일 '고맙습니다'를 붙인 병에는 "고마워요.", "사랑해요."처럼 기분 좋은 말을 들려주고, '짜증 나'를 붙인 병에는 "미워.", "싫어."처럼 기분 나쁜 말을 들려주었어요. 사흘이 지나자 '고맙습니다' 병의 쌀밥에는 뽀얀 곰팡이가 생겼고 구수한 냄새가 났어요. 하지만 '짜증 나' 병의 쌀밥에는 시커먼 곰팡이가 피었고 썩은 냄새가 코를 찔렀어요.

〈두 번째 실험〉

두 개의 유리컵에 물을 담고 크기가 같은 양파를 올려놓았어요. 컵 하나에는 '사랑해'를 붙인 다음 기분 좋은 말을 들려주고, 다른 컵에는 '미워'를 붙인 다음 기분 나쁜 말을 들려주었어요. 한 달이 지난 후 '사랑해' 컵의 양파는 하얀 뿌리가 건강하게 잘 자랐지만, '미워' 컵의 양파는 뿌리가 제대로 자라지 못하고 썩어버렸어요.

말에 따라 밥과 양파가 변하는 모습을 실제로 관찰한 아이들은 앞으로 거친 말 대신 칭찬하는 말, 기분 좋은 말을 해야겠다고 결심했어요.

사랑해　미워

단어 뜻 보기

뽀얀 하얗고 깨끗한
웬 뽀얗다
구수한 은근히 입맛을 잡아당기는 맛이 있는
관찰 주의하여 자세히 살펴봄

68

★★★
원인과
결과 찾기 **1** 지은이네 반에서는 왜 두 가지 실험을 했나요?

① 쌀밥의 냄새를 구분하려고

② 말이 가진 힘을 알아보려고

③ 과학 실험을 어떻게 하는지 배우려고

④ 양파 뿌리가 얼마나 많이 자라는지 보려고

★★
분류
하기 **2** 들려준 말의 종류와 나타난 실험 결과를 〈보기〉에서 골라 기호로 쓰세요.

〈보기〉

⊙ 뽀얀 곰팡이   ⓒ 썩은 냄새

ⓒ 구수한 냄새   ⓔ 시커먼 곰팡이

ⓜ 잘 자라지 못하고 썩은 뿌리   ⓑ 건강하게 자란 하얀 뿌리

	말의 종류	실험 결과
(1)	고마워요. 사랑해요.	
(2)	미워. 싫어.	

★★
주제
이해 **3** 선생님은 이 실험을 통해 학생들이 무엇을 배우기를 원하셨을까요?

① 나쁘게 행동하는 친구에게는 거친 말을 써도 된다.

② 과학 시간에는 재미있는 실험을 할 수 있다.

③ 관찰을 통해 과학을 배우는 것이 중요하다.

④ 남을 칭찬하는 말과 기분 좋은 말을 해야 한다.

03

● 인터넷에서 찾은 글을 그대로 베껴 써도 될까요?

뛰어난 글짓기 실력으로 늘 선생님께 칭찬받는 영서가 이번 글짓기 대회에서도 당연히 상을 받을 거라고 아이들은 생각했습니다.

하지만 이번에는 민주도 꼭 상을 받아서 선생님과 엄마께 칭찬을 받고 싶었습니다.

'어떻게 하지? 나는 영서보다 글을 잘 쓸 자신이 없는데…….'

고민하던 민주는 인터넷을 검색해서 마음에 드는 글을 하나 고른 다음, 그 내용을 그대로 종이에 베껴 써서 제출했습니다.

다음 날, 아이들이 낸 글을 심사한 선생님은 이번 대회에서 민주의 글이 일등으로 뽑혔다고 말씀하셨습니다.

"지금부터 선생님이 민주의 글을 여러분에게 읽어 줄테니 잘 들어 보세요."

선생님이 글을 읽으시는 동안, 민주는 마치 도둑질을 한 것처럼 가슴이 콩닥콩닥 뛰었습니다. 대회에서 상만 받으면 기쁠 줄 알았는데, 왜 이렇게 마음이 불안한지 알 수가 없었습니다. 선생님이 글을 다 읽으시자 진영이가 손을 번쩍 들며 말했습니다.

"선생님, 민주의 글과 똑같은 글을 인터넷에서 봤어요."

그 순간 선생님과 아이들은 모두 민주를 쳐다보았습니다. 민주는 얼굴이 빨개진 채 고개를 들지 못했습니다.

나도 글짓기 대회에서 상을 타고 싶어

단어 뜻 보기

베껴 남이 쓴 글이나 그린 그림을 그대로 옮겨서
원 베끼다

제출 숙제나 의견 등을 내는 것

심사 자세히 살펴보고 점수나 등급을 매기는 것

콩닥콩닥 마음이 편치 않아서 자꾸 가슴이 뛰는 소리나 모양

불안 걱정스러워서 마음이 편하지 않은 상태

1 글짓기 대회에서 상을 받고 싶었던 민주는 무엇을 했나요?

① 열심히 글쓰기 연습을 했다.

② 영서에게 글을 잘 쓰는 방법을 물어봤다.

③ 인터넷에서 마음에 드는 글을 찾아서 베껴 썼다.

④ 선생님께 글짓기 대회에서 상을 받고 싶다고 졸랐다.

2 대회에서 자기 글이 뽑혔을 때 민주 가슴은 왜 콩닥콩닥 뛰었나요?

① 상을 받게 된 것이 너무 기뻐서

② 마치 도둑질을 한 것처럼 불안해서

③ 친구들이 모두 나를 부러워하는 것 같아서

④ 상을 받은 내 모습을 보고 엄마가 기뻐하실 것 같아서

3 글의 밑줄 친 부분에서 민주는 어떤 기분이 들었을까요?

① 설렌다   ② 부끄럽다

③ 기쁘다   ④ 당당하다

4 이 글에서 얻을 수 있는 교훈을 바탕으로 알맞게 말한 학생은 누구인가요?

① 민서: 남의 것을 베끼려면 티 안 나게 베껴야 해.

② 서진: 일등을 할 수만 있으면 남의 것을 그냥 써도 돼.

③ 효주: 친구가 뭔가를 잘못한 것 같으면 선생님께 바로 말해야 해.

④ 태인: 누구나 볼 수 있는 인터넷의 글이라도 함부로 베끼면 안 돼.

04

● 친구와 고민을 나누고 서로 돕는 방법에는 무엇이 있을까요?

하루는 이모 댁에 가다가 골목 한 곁에 세워진 작은 우편함을 발견했습니다. 나무로 만든 우체통 앞에는 '온기우편함'이라고 쓰여 있었습니다.

〈온기우편함〉

소중한 고민을 보내 주시면, 온기우체부가 정성스러운 손편지 답장을 전해 드립니다.

❶ 탁자 위에 놓인 편지지와 봉투를 챙겨요.
❷ 소중한 고민을 적어요.
❸ 봉투 아래에 답장을 받을 주소를 적어요.
❹ 온기우편함에 편지를 쏙 넣어요!
❺ 1~2주 후에 답장이 도착할 거예요.

온기우체국에는 60여 명의 자원봉사자가 모여서 고민 편지를 읽고 자기들의 경험을 바탕으로 용기와 희망을 전하는 답장을 보내 준다고 합니다. 고민 편지가 일주일에 200통 가까이 들어온다는데, 정성 가득하게 손으로 일일이 답장을 써서 보내 준다고 해서 놀랐습니다. 온기우체부가 전해 주는 따뜻한 답장을 받고 새로운 희망을 얻는 사람이 얼마나 많을까 생각하니 고마운 마음이 들었습니다.

나도 우편함 앞에 놓인 편지지에 고민을 적고 봉투에는 주소를 적어 온기우편함에 넣었습니다. 우리 반에도 온기우편함을 만들어 친구들끼리 서로 고민을 나누고 서로 도와주면 참 좋겠다고 생각했습니다.

단어 뜻 보기

곁 어떤 대상으로부터 가까운 쪽

자원봉사자 어떤 일에 스스로 참여하여 돕는 사람

일일이 하나 하나

글감 파악 **1** 무엇을 설명하는 글인가요?

	우편함

내용 파악 **2** 다음은 온기우편함을 이용하는 방법을 순서대로 쓴 것입니다. 〈보기〉에서 알맞은 말을 골라 빈칸을 채우세요.

〈보기〉
온기우체부   고민   온기우편함   주소

(1) 편지지에 자신의 (   )을 적어요.

⬇

(2) 답장을 받을 (   )를 써요.

⬇

(3) (   )에 넣고 1~2주 기다려요.

⬇

(4) (   )가 전해 주는 답장을 받아요.

추론 하기 **3** 우리 반에 온기우편함을 만들었을 때 예상되는 좋은 점이 <u>아닌</u> 것은 무엇일까요?

① 마음이 힘든 친구들을 위로해 줄 수 있다.

② 친구들끼리 서로의 고민을 나눌 수 있다.

③ 서로 마음이 맞는 친구끼리만 어울리게 된다.

④ 친구에게 용기와 희망을 줄 수 있다.

05

● '예쁘다'는 기준은 무엇일까요?

메일   🏠 💬 ✉️

☆ □▾ 읽음 삭제 답장   목록

안녕하세요? 선생님!

저는 초등학교 2학년 여자아이입니다. 어릴 때부터 통통하다는 이야기를 많이 들었지만 별로 신경 쓰지 않았어요. 그런데 2학년이 되어서 제가 좋아하는 남자아이가 생겼는데, 그 아이가 저희 반에서 제일 날씬한 여자아이를 예쁘다고 좋아해요. 요즘은 제 자신이 너무 뚱뚱하고 못생겨 보여서 슬퍼요. 어쩌면 좋을까요?

메일   🏠 💬 ✉️

☆ □▾ 읽음 삭제 답장   목록

귀여운 2학년 여자 친구군요. 반가워요!

먼저 용기 있게 고민을 말해 줘서 고마워요.

요즘은 텔레비전에 나오는 연예인이나 모델처럼 무조건 마르고 날씬해야 예쁘다고 생각하면서, 자기가 못생기고 뚱뚱하다고 여기는 여자 친구들이 많아요. 하지만 꼭 날씬해야 예쁜 것은 아니에요.

체격이 크고 뚱뚱한 것처럼 보여도 운동으로 가꾼 건강한 몸매를 아름답다고 느끼는 사람도 많아요. 실제로 운동을 많이 해서 근육이 울퉁불퉁한 여자 운동선수들을 아름답다고 칭찬하는 사람이 많답니다.

예쁘다는 기준은 사람에 따라 다르니까 무조건 날씬해져야 한다고 생각하지 말아요. 당당하고 자신감 있는 모습보다 더 빛나는 아름다움은 없어요. 우리 친구도 자기 모습에 더 당당해지면 어떨까요?

1 메일에서 여학생은 어떤 고민을 이야기하고 있나요?

① 좋아하는 남자아이와 다툰 이야기

② 친구와 자기 중 누가 더 예쁜지 말다툼한 이야기

③ 운동으로 몸매를 가꾸는 게 너무 힘들다는 이야기

④ 자신이 너무 뚱뚱하고 못생겨 보인다는 이야기

2 이 글에서 말하는 아름다움과 거리가 먼 것은 어느 것인가요?

① 운동으로 가꾼 건강한 몸매도 아름답다.

② 아름다움의 기준은 사람마다 다를 수 있다.

③ 연예인이나 모델처럼 말라야만 아름답다.

④ 무조건 날씬해야만 아름다운 것은 아니다.

3 선생님께서 여학생에게 해 주고 싶은 말을 빈칸을 채워 완성해 보세요.

		하고				있는 모습이

가장 아름다우므로 무조건 날씬해져야 한다는 생각을 버리자.

운동으로 몸매를 건강하게 가꿀 테야!

● 서로에게 좋은 친구가 되려면 어떻게 해야 할까요?

숲속 마을에 사는 여우는 친구가 별로 없었습니다. 친구를 사귀고 싶었던 여우는 어느 날, 이웃에 사는 두루미를 점심 식사에 초대했습니다. 두루미는 친하지 않은 여우가 초대한 것을 이상하게 생각했지만, 흔쾌히 승낙하고 여우네 집으로 갔습니다.

여우네 집에 들어가자마자 맛있는 음식 냄새가 났습니다. 식탁에는 맛있는 수프가 놓여 있었습니다. 두루미 배에서 '꼬르륵' 소리가 크게 났습니다. 그런데 두루미는 냄새만 맡을 뿐 먹을 수가 없었습니다. 두루미의 부리는 긴데, 수프는 납작한 접시에 담겨 있었기 때문입니다. 그걸 아는지 모르는지 여우는 후루룩 소리를 내면서 혼자 맛있게 수프를 먹었습니다.

"두루미야, 왜 안 먹어? 맛이 없니?"

"별로 배가 안 고프네. 다음에 와서 먹을게."

결국, 두루미는 수프를 먹지 못하고 집으로 돌아왔습니다. 속이 상했던 두루미는 며칠 뒤 여우를 점심 식사에 초대했습니다.

"여우야, 지난번에 초대해 줘서 고마웠어. 내일은 우리 집에 와서 점심 같이 먹을래?"

"알았어. 내일 보자."

두루미 역시 맛있는 수프를 준비했습니다. 그런데 두루미 집에 온 여우는 당황했습니다. 수프가 목이 길고 좁은 병에 담겨 있었기 때문이었습니다.

"여우야, 맛있는 수프인데 왜 안 먹어?"

"아, 그게 말이지……."

단어 뜻 보기

승낙 부탁이나 요청하는 일을 들어줌

부리 새의 주둥이

속이 상했던 마음이 불편하고 기분이 나빴던

두루미는 당황한 여우를 보고 속으로 웃으며 긴 부리를 병에 넣고 보란 듯이 맛있게 수프를 먹었습니다.

 1 여우가 두루미를 식사에 초대한 이유는 무엇인가요?

① 음식 솜씨를 자랑하고 싶어서

② 새로 이사한 집을 보여 주려고

③ 친구를 사귀고 싶어서

④ 전에 초대 받은 것을 보답하려고

 2 다음 중 글의 내용으로 알맞지 <u>않은</u> 것은 어느 것인가요?

① 여우는 점심을 같이 먹자고 두루미를 집에 초대했다.

② 두루미는 납작한 접시에 담긴 음식을 먹을 수 없었다.

③ 서로의 집에서 식사하면서 둘은 친한 친구가 되었다.

④ 여우는 목이 길고 좁은 병에 담긴 수프를 먹을 수 없었다.

 3 두루미가 여우가 준 수프를 먹지 <u>못한</u> 이유를 쓰세요.

두루미의 ☐ ☐ 가 길어서

4 여우와 두루미가 친해지기 위해서는 어떤 그릇에 음식을 담았어야 했는지 알맞은 그림을 고르세요.

5 글의 밑줄 친 부분처럼 여우에게 친구가 별로 없었던 이유는 무엇일까요?

① 수프를 맛있게 잘 끓이지 못한다.

② 남을 배려하는 마음이 부족하다.

③ 수줍음이 많고 적극적이지 않다.

④ 친구 사귀기에 관심이 없다.

☆ 나만의 이야기 만들기 ☆

혹시 부모님이나 다른 사람들에게 말하기 힘든 걱정이나 고민이 있나요?
걱정과 고민거리를 적어 온기우편함에 넣어 보면 어떨까요?
온기우편함에 넣을 편지를 써 보세요.

1과
2과
3과
4과
5과
6과

안녕하세요? 저는 .... 살이고 .... 에 사는 학생입니다. ✦

요즘 저에게 고민이 있어요. 제 고민은 ....

....

....

....

....

....

....

....

....

고민이 있어요.

....

....

◆ 정답은 없으니 자유롭게 써 보세요.

3과 사회와 생활

우리가 사는 사회에서 즐겁고 안전하게 생활하기 위해
어떤 정보를 알고 있어야 할지 생각해 봅시다.

목표

다음 독해 기술을 이용해 봅시다.

- ✓ **낱말 이해하기**
- ✓ **가리키는 말 알기**
- ✓ **글감 파악하기**
- ✓ **주제 이해하기**
- ✓ **내용 파악하기**
- ○ 분류하기
- ✓ **적용하기**
- ✓ **원인과 결과 찾기**
- ○ 주장과 근거 나누기
- ○ 추론하기

교과서 연계

- [1학년 2학기] 가을(통합) 2단원 '현규의 추석'
- [1학년] 안전한 생활 4단원 '재난·안전'
- [2학년 2학기] 국어 7단원 '일이 일어난 차례를 살펴요'
- [2학년 2학기] 겨울(통합) 1단원 '두근두근 세계 여행'
- [2학년] 안전한 생활 3단원 '신변안전'
- [3학년] 도덕 5단원 '함께 지키는 행복한 세상'

지진 피해 상황을 찍은 사진을 보고, 지진에 관해 생각하면서 다음 질문에 답해 보세요.

1. 다음 중 지진이 일어났을 때 해야 할 일로 알맞은 것은 무엇인가요?

① 땅이 흔들릴 때는 무조건 밖으로 나간다.

② 지진이 나면 큰 건물의 벽쪽으로 몸을 피한다.

③ 집에 있을 때 지진이 나면 일단 탁자 밑으로 들어간다.

④ 흔들림이 멈추어도 현관문을 꼭 닫아두고 실내에 계속 머문다.

2. 다음 중 지진과 관련해서 알맞지 <u>않은</u> 것은 무엇인가요?

① 우리나라도 지진에서 안전하지 않으므로 지진에 대비해야 한다.

② 지진 대비는 국가에서 하기 때문에 개인은 하지 않아도 된다.

③ 언제든 지진이 일어날 수 있으므로 미리 대비하는 것이 중요하다.

④ 지진이 일어났을 때 학교에서 알려 준 방법에 따라 대피한다.

독해 실력이
쌓여간다!

영차!

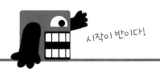
01

● 유괴범은 어떤 사람들일까요?

　여기 네 사람의 사진이 있습니다. 이 중 한 명이 부모님 몰래 여러분을 데려가려고 한다면 누구일까요?

　많은 어린이가 험상궂게 생긴 사람이나 나이가 많은 사람을, 그리고 여자보다는 남자를 선택했습니다. 하지만 여러분을 유괴하는 사람은 예쁜 여자 어른이나 젊은 남자 어른일 수도 있고 교복을 입은 학생일 수도 있습니다. 그리고 유괴범은 친절한 말투로 이야기하거나 선물을 주면서 좋은 사람인 것처럼 행동하기도 합니다. 그러므로 부모님의 허락이 없으면 아는 사람이더라도 함부로 따라가서는 안 됩니다.

　낯선 사람이 내 이름이나 연락처, 주소를 물으면 절대로 알려 주지 말고, 가방이나 신주머니에 이름을 쓸 때는 잘 보이지 않는 안쪽에 쓰세요. 나에 관한 정보를 유괴범이 알게 되면 아는 사람인 척할 수 있기 때문입니다.

　평소에 되도록 혼자 다니지 말고, 만약 누가 나를 억지로 끌고 가려고 하면 "안돼요! 싫어요!"라고 크게 외쳐서 다른 사람들에게 도움을 구하세요. 하지만 주변에 사람이 없으면 함부로 소리 지르지 마세요. 오히려 위험해질 수도 있습니다. 그럴 때는 식당, 문방구, 세탁소 같은 가게가 보이면 뛰어들어가서 어른에게 경찰에 신고해 달라고 부탁하는 것이 좋습니다.

단어 뜻 보기

험상궂게 매우 험하고 거칠게 ⑩ 험상궂다

유괴 사람을 속여서 데려간 후 돌아가지 못하게 하는 것

외쳐서 큰 소리로 말해서 ⑩ 외치다

★★★ 주제 이해 **1** 이 글에서 글쓴이가 가장 알려 주고 싶어하는 내용은 무엇인가요?

① 유괴범은 어떻게 생겼나

② 유괴범을 잡으려면 어떻게 해야 하나

③ 유괴되지 않으려면 어떻게 해야 하나

④ 부모님 없이 어린이 혼자 다니면 왜 안 되나

★★ 내용 파악 **2** 다음 중 유괴범에 관한 설명으로 바르지 <u>않은</u> 것은 어느 것인가요?

① 아는 사람인 척하며 다가오기도 한다.

② 선물을 주거나 친절하게 말하기도 한다.

③ 여자 어른이나 교복 입은 학생도 유괴범일 수 있다.

④ 유괴범은 모두 겉모습이 험상궂게 생긴 남자다.

★★★ 내용 파악 **3** 유괴를 막는 방법으로 알맞으면 ○를, 알맞지 않으면 ×를 표시하세요.

(1) 낯선 사람이 이름이나 연락처를 물으면 알려 주지 않기 (　　)

(2) 가방이나 신주머니의 잘 보이는 곳에 이름을 크게 쓰기 (　　)

(3) 가게에 들어가서 어른에게 경찰에 신고해 달라고 부탁하기 (　　)

(4) 주위에 다른 사람이 없을 때 도와달라고 소리 지르기 (　　)

안돼요! 싫어요!

02

단어 뜻 보기

시각장애인 앞을 보지 못
하는 사람

장애 신체가 원래의 기능
을 제대로 하지 못하는
상태

창단 단체나 조직을 새로
만드는 것

극복하고 노력해서 상황
을 좋아지게 하거나 어려
움을 업애고 ㉜ 극복하다

폐막식 일정 기간 열렸던
대회 등을 끝낼 때 여는
행사 (※반대말: 개막식)

정상급 등급이 가장 위인

● 음악으로 희망을 전하는 한빛예술단에 관해 들어본 적 있나요?

2003년 한 시각장애인 학교에서 새로운 수업이 시작되었다. 시각장애 학생들에게 악기를 가르치는 음악 수업이었다. 처음에는 이 수업의 지도를 맡았던 선생님마저도 시각장애 학생들에게 악기를 가르치는 일은 결국 실패할 거라고 생각했다. 손으로 만지는 점자 악보로 음악을 익혀야 하는 시각장애 학생들은 한 곡을 익히는 데에도 두세 달이 넘는 긴 시간이 걸렸다. 그러나 학생들은 힘들어도 포기하지 않았다.

이러한 노력을 거쳐 3년 뒤에 단원 대부분이 시각장애인인 한빛예술단이 창단되었다. 장애로 인한 어려움을 극복하고 그들이 만들어 내는 아름다운 음악은 보육원, 군부대, 교도소 등에서 희망의 소리가 되어 퍼져나갔다.

"저희 무대의 시작과 끝을 장식해 주시겠습니까?"

2015년, 러시아에서 열린 장애인 국제 예술제 개·폐막식 공연에 당당하게 초대받은 한빛예술단은 정상급 오케스트라와 함께 연주해도 될 만큼 훌륭한 실력을 갖추었다는 평가를 받았다. 한빛예술단 단원들은 음악을 연주하면서 스스로 무엇을 할 수 있다는 자신감을 얻었고, 그들을 바라보는 사람들에게 새로운 꿈과 희망을 안겨 주었다.

1 단원의 대부분이 시각장애인으로 이루어진 이 연주단의 이름은 무엇인가요?

2 시각장애 학생들은 곡을 익히는 데 왜 오랜 시간이 걸렸나요?

① 너무 어려워서 학생들이 포기했기 때문에

② 예술제에서 연주해야 하는 곡이 너무 어려웠기 때문에

③ 손으로 만지는 점자 악보로 음악을 익혀야 했기 때문에

④ 가르치는 선생님도 학생들이 할 수 있을 거라고 믿지 않았기 때문에

3 다음 중 한빛예술단에 관한 내용으로 바르지 않은 것은 무엇인가요?

① 보육원, 군부대, 교도소 등에서 연주를 했다.

② 노력했으나 실력은 좋지 않다는 평가를 받았다.

③ 단원 대부분이 시각장애인이었다.

④ 외국에서 연주해 달라는 초대를 받았다.

4 한빛예술단의 연주가 사람들에게 희망을 주었던 이유를 글에서 찾아 쓰세요.

를

하고 만들어 내는 음악이어서

03

● 우리나라의 대표적인 명절은 언제 언제일까요?

추석을 앞두고 민준이네 반 친구들은 한국의 명절을 한 가지씩 조사하여 발표했습니다.

은서 저는 음력 1월 1일, 새해의 첫날인 설날을 조사했습니다. 설날에는 온 가족이 모여 조상님께 음식을 차려 놓고 절을 하는 차례를 지냅니다. 차례가 끝난 후에 집안 어른들께 큰절로 세배를 드리고, 복을 빌어 주는 덕담을 주고받습니다. 그리고 예로부터 새해 첫날 아침에는 떡국을 먹었습니다.

혜진 우리 조상들은 한 해의 첫 번째 보름달이 뜨는 음력 1월 15일을 '정월 대보름'이라고 부르며, 보름달을 보고 소원을 빌었습니다. 정월 대보름 아침에는 땅콩이나 호두를 깨물어 먹는데 이것을 '부럼 까기'라고 합니다. 부럼은 호두나 땅콩처럼 껍질이 단단한 열매를 말하는 것으로, 일 년 동안 큰일 없이 건강하게 지내고, 피부에 부스럼이 나지 않기를 바라는 마음으로 부럼 까기를 합니다.

민준 "일 년 열두 달 더도 덜도 말고 한가위만 같아라."라는 말이 있습니다. '한가위'는 음력 8월 15일인 추석의 다른 말입니다. 추석에는 일 년 동안 농사지은 햇곡식과 햇과일을 거두어서 조상님께 차례를 지내고 이웃들과도 나눠 먹었습니다. 추석에 먹는 송편은 솔잎을 깔고 찌기 때문에 '솔떡'이라고도 합니다. 솔잎의 은은한 향이 떡의 맛을 더 좋게 만듭니다.

새해 복 많이 받으세요!

단어 뜻 보기

명절 한 나라의 사람들이 매해 기념하고 쉬는 날

차례 설이나 추석 등 명절 낮에 드리는 간단한 제사

덕담 상대방이 잘되기를 바라면서 복을 빌어 주는 말

햇– 그해에 처음 난
(※뒤에 곡식이나 과일이 붙음)

글감 파악 ★ **1** 민준이네 반 친구들은 무엇을 조사하여 발표했나요?

우리나라의 대표적인 [　　]　[　　]

낱말 이해 ★★ **2** 정월 대보름에 일 년간 건강하게 지내기를 바라는 마음으로 땅콩이나 호두와 같은 열매를 깨물어 먹는 것을 무엇이라고 하나요?

[　　]　[　　] 까기

내용 파악 ★★★ **3** 글을 읽고 빈칸에 들어갈 알맞은 말을 찾아 표를 완성해 보세요.

설날	• 음력 1월 1일 • 차례를 지낸 후 어른들께 큰절로 (1)(　　　　　)를 드리고 덕담을 주고받음 • 아침에 (2)(　　　　)을 먹음
(3) (　　　　　　)	• 음력 1월 15일 • 보름달을 보고 소원을 빔 • 아침에 땅콩이나 (4)(　　　　)를 먹음
추석	• 음력 8월 (5)(　　　　)일 • 다른 말로 (6)(　　　　)라고 부름 • 햇곡식과 햇과일로 조상에게 차례를 지냄 • 솔잎을 밑에 깔고 찐 (7)(　　　　)을 먹음

04

● 포스트잇은 어떻게 만들어졌을까요?

중요한 내용을 적어 공책이나 벽에 붙여 두는 포스트잇 메모지를 써 본 적이 있나요? 우리가 생활 속에서 편리하게 사용하고 있는 포스트잇은 처음에는 버려질 뻔한 발명품에서 만들어졌다고 합니다.

미국의 3M[쓰리엠]이라는 회사의 연구원이었던 스펜서 실버는 잘 붙기도 하면서 또 잘 떨어지는 접착제를 발명했습니다. 그러나 접착제는 잘 떨어지지 않아야 한다고 생각했던 사람들은 이 접착제가 쓸모없다고 여겼습니다.

그러던 어느 날, 스펜서 실버의 동료였던 아트 프라이는 찬송가 책에 끼워 둔 종이가 자꾸 빠져서 불편하다고 생각하다가 문득, 실버가 만든 접착제를 떠올렸습니다. ㉠이것을 바른 종이를 찬송가 책 안에 붙여 두면 잘 떨어지지 않으면서 나중에 떼어낼 때도 종이가 찢어지지 않을 거라는 생각이 들었습니다.

이때부터 프라이는 연구를 거듭하여 마침내 붙였다가 깨끗하게 떼어낼 수 있는 종잇조각을 개발하게 되었습니다. 이 종잇조각의 이름이 바로 '포스트잇'입니다.

우리 주변에는 포스트잇처럼 생각을 바꾸면 생활에 도움이 되는 것으로 개발할 수 있는 물건이나 아이디어가 있습니다. 우리도 별로 쓸모없어 보이지만 생활을 편리하게 바꿀 수 있는 것들을 찾아보면 어떨까요?

단어 뜻 보기

연구원 어떤 조직에 속해서 특정한 대상을 깊게 조사·개발하는 사람

접착제 무엇을 어딘가에 붙이는 데 쓰는 물질

여겼습니다 마음속으로 생각했습니다 ㉱ 여기다

떠올렸습니다 다시 생각나게 했습니다 ㉱ 떠올리다

거듭하여 어떤 일을 자꾸 되풀이하여 ㉱ 거듭하다

개발 연구를 통해 새로운 것을 만들어냄

1 다음 중 ㉠이것이 가리키는 것은 무엇인가요?

① 포스트잇
② 찬송가 책
③ 실버가 만든 접착제
④ 찢어지지 않는 종이

 2 다음 중 글의 내용으로 바른 것은 어느 것인가요?

① 3M에서 일하던 스펜서 실버가 포스트잇을 개발하였다.

② 포스트잇은 잘 붙으나 떼어낼 때 종이가 자주 찢어져 불편하다.

③ 포스트잇은 쓸모없다고 평가받던 종이를 발전시켜 만들어졌다.

④ 책에 끼워 둔 종이가 빠지는 불편함에서 포스트잇이 개발되었다.

3 빈칸을 채워 글쓴이가 전하고 싶어하는 말을 완성해 보세요.

우리 주변에는 ☐☐ 을 바꾸면 생활에 도움이 되는 것으로

☐☐ 할 수 있는 물건이나 아이디어가 있습니다.

4 이 글을 읽고 우리가 가져야 할 바람직한 태도는 무엇인가요?

① 한 번 실패한 아이디어는 포기하고 버린다.

② 쓸모없어 보이는 것에는 관심을 두지 않는다.

③ 생활 속에서 불편을 느껴도 깊이 생각하지 않는다.

④ 쓸모없다고 여겨지는 것도 이용할 수 없는지 다시 생각한다.

05

● **지진이 일어나면 어떻게 해야 할까요?**

2016년 경주에서 지진이 일어난 데 이어 포항에서도 큰 지진이 일어나면서, 지진이 발생했을 때 어떻게 해야 하는지에 관한 관심이 높아지고 있습니다.

지진은 땅이 크게 흔들리는 자연 현상으로, 갑자기 발생하기 때문에 큰 피해를 일으킵니다. 실내에 있을 때 지진이 일어나면 몸을 보호할 수 있는 탁자나 책상 밑으로 들어갑니다. 흔들림이 멈추면 전기와 가스를 차단한 다음 밖으로 대피하는데, 이때는 엘리베이터를 타지 말고 계단을 이용하세요. 떨어지는 물건에 맞아 다치지 않도록 머리를 감싸고 운동장이나 공원처럼 넓은 곳으로 빨리 이동해야 합니다.

그럼 평소 가정에서는 어떻게 지진에 대비해야 할까요?

첫째, 튼튼한 탁자 아래와 같이 안전한 공간을 파악해 둡니다.

둘째, 가구나 가전제품이 넘어지지 않게 잘 고정해 두고, 꽃병이나 장식품처럼 떨어질 수 있는 물건은 되도록 높은 곳에 두지 않습니다.

셋째, 건물에 금이 간 곳은 없는지 미리 확인하고 수리해 둡니다.

넷째, 비상식량과 비상용품을 미리 준비하고, 바로 가지고 나갈 수 있는 곳에 보관합니다.

이렇게 지진에 미리 대비하고, 실제로 발생했을 때 침착하게 행동해야 지진 피해를 줄일 수 있습니다.

단어 뜻 보기

발생 새로 생김

차단 막아서 멈추게 함

대피 자연재해 등을 당했을 때 일시적으로 피하는 것

대비 일어날지도 모르는 일에 맞춰 미리 준비하는 것

수리 금이 가거나 고장 난 것을 고치는 일

비상식량 위급한 상황에 대비해 두는 식량

주제 이해 ① 빈칸에 <u>공통으로</u> 들어갈 낱말을 써서 글쓴이가 전하려는 내용을 완성하세요.

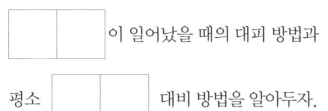

☐☐ 이 일어났을 때의 대피 방법과

평소 ☐☐ 대비 방법을 알아두자.

내용 파악 ② 지진이 발생했을 때 할 일로 알맞지 <u>않은</u> 것은 무엇인가요?

① 대피할 때 머리를 다치지 않게 보호한다.

② 땅이 흔들릴 때는 무조건 빨리 밖으로 대피한다.

③ 건물 밖으로 대피할 때는 엘리베이터 대신 계단을 이용한다.

④ 실내에 있을 때 지진이 나면 탁자나 책상 밑으로 들어간다.

내용 파악 ③ 〈보기〉에서 알맞은 말을 찾아 가정에서 해야 할 지진 대비 방법을 정리해 보세요.

┌─〈보기〉─────────────────────────┐
│ 비상식량   고정   수리   공간 │
└──────────────────────────────┘

(1) 탁자 아래와 같이 안전한 (   )을 미리 파악해 두기

(2) 가구나 가전제품이 넘어지지 않게 잘 (   )하고, 되도록 높은 곳에 물건 두지 않기

(3) 건물에 고칠 곳은 없는지 미리 확인하고 (   )해 두기

(4) 비상시를 대비하여 (   )과 비상용품을 준비해 두기

06

● 왜 나라마다 좋아하는 숫자가 다를까요?

엘리베이터를 탔을 때 건물 4층이 F층으로 표시된 것을 본 적이 있나요? 우리나라에는 한자의 죽을 '사(死)'자와 발음이 같기 때문에 숫자 4를 불길하게 생각하는 사람들이 많아요. (　　㉠　　) 고대 그리스 사람들은 4를 신비한 숫자라고 생각했어요. 숫자 중 처음에 나오는 네 개의 수 1, 2, 3, 4를 더하면 고대 그리스 사람들이 완전한 수라고 생각했던 10이 되기 때문에 4를 신비한 수라고 본 것이지요.

중국인들은 6이라는 숫자를 매우 좋아해요. 한자 六(육)은 중국에서 좋은 일을 의미하는데, 특히 6이 두 개인 66은 모든 일이 잘 해결된다는 행운의 수라고 생각해요. (　　㉡　　) 미국에서는 666을 종교적인 이유로 나쁜 수라고 생각하기 때문에 6을 좋아하지 않아요.

서양에서는 7을 행운의 숫자로 여겨요. 성경에 6일 동안 세상을 만드신 신께서 7일째 되는 날 쉬었다는 내용이 나오는 등, 7은 성경 곳곳에서 좋은 의미로 등장해요. 이런 이유로 미국을 포함해 서양사람들은 7을 행운의 숫자로 여기게 되었어요.

중국에서는 숫자 8도 아주 좋아해요. 중국어로 '빠'라고 발음하는 8이 '돈을 번다'라는 단어인 '파차이(發財)'의 '파' 발음과 비슷하기 때문이지요.

나라마다 역사와 문화가 다르기 때문에 좋아하는 숫자와 싫어하는 숫자가 달라요. 어떤 숫자를 좋아하고 싫어하는지는 사람들의 생활에 많은 영향을 미치고 있답니다.

단어 뜻 보기

불길하게 운이 좋지 않게
신비한 신기하고 묘한
역사 과거 사실, 변화 과정을 기록한 것
문화 사회 구성원들이 만들고 다음 세대에 전하는 생활 방식

1 우리나라에서 건물의 4층을 F층으로 표시하는 까닭은 무엇인가요?

① 4와 F의 모양이 비슷하기 때문에

② 4가 한자의 죽을 '사(死)자'와 발음이 같기 때문에

③ 4는 종교적으로 나쁜 의미의 수이기 때문에

④ 1부터 4까지 더하면 10이 되는 신비한 수이기 때문에

 2 다음 중 ㉠과 ㉡에 공통으로 들어갈 알맞은 단어는 무엇인가요?

① 하지만   ② 그래서

③ 또한   ④ 그리고

 3 아래 표의 숫자 설명에 해당하는 나라 이름을 글에서 찾아 쓰세요.

(1) ( )	(2) ( )	(3) ( )
• 4를 신비한 숫자라고 생각함	• 6을 나쁜 수로 생각함 • 성경을 바탕으로 7을 행운의 수로 여김	• 6이 두 번 겹친 66을 행운의 수로 여김 • 숫자 8을 아주 좋아함

4 나라마다 좋아하는 숫자가 다른 이유를 글에서 찾아 쓰세요.

나라마다 좋아하는 숫자가 다른 까닭은 각 나라의 [|] 와

[|] 가 다르기 때문이다.

● 여러 나라의 국기에는 어떤 의미가 담겨 있을까요?

우리나라의 태극기처럼 세계 모든 나라는 국기를 가지고 있다. 세계 여러 나라의 국기에는 어떤 의미가 담겨 있는지 살펴보자.

〈삼색으로 표현한 유럽의 국기〉

세계 최초의 국기는 프랑스의 삼색기다. 자유를 상징하는 파란색과 평등을 상징하는 흰색, 박애를 상징하는 빨간색으로 이루어져 있다. 프랑스 삼색기에 영향을 받아 유럽의 여러 나라가 세 가지 색으로 국기를 만들었다. 이 나라들의 국기는 온 국민이 함께 이루고 싶은 세 가지 가치를 상징하거나, 나라 안의 서로 다른 종교를 가진 사람들이 하나로 뭉치기를 바라는 소망을 담고 있다.

| 프랑스 | 이탈리아 | 독일 |

〈영국의 지배를 받은 나라의 국기〉

약 150년 전에는 유럽의 작은 섬나라인 영국이 세계에서 가장 힘이 세서 많은 나라를 지배했다. 지금은 대부분의 나라가 영국의 지배에서 독립했지만, 아직도 호주, 뉴질랜드, 투발루 등 몇몇 나라의 국기에는 영국 국기인 유니언 잭이 남아 있다.

유니언 잭

| 호주 | 뉴질랜드 | 투발루 |

단어 뜻 보기

상징 정확하게 설명하기 어려운 느낌이나 생각을 사물이나 기호로 나타내는 일

평등 차별 없이 대하는 것

박애 모든 사람을 평등하게 아끼고 사랑하는 것

지배 어떤 사람이나 집단, 조직을 다스림

독립 단체나 나라, 개인이 다른 것에 의지하지.않는 상태가 됨

흔적 사람이나 현상이 사라지고 남은 자국

〈독립운동의 흔적이 남아 있는 국기〉

독립운동으로 나라를 세운 칠레와 카메룬의 국기에는 피를 상징하는 빨간색과 독립을 상징하는 별이 공통으로 들어 있다. 스페인의 지배를 받았던 아르헨티나는 독립군의 군복 색깔이었던 하늘색과 흰색으로 국기를 만들고, 국기 한가운데에 독립을 이룬 5월을 상징하는 태양신의 얼굴을 그려 넣었다.

칠레　　　　　　　　카메룬　　　　　　　　아르헨티나

★
주제
이해 **1** 이 글에서 주로 설명하는 내용은 무엇인가요?

세계 여러 나라 ☐☐ 에 담긴 의미

★★
내용
파악 **2** 삼색기에 관한 설명으로 바르지 <u>않은</u> 것은 어느 것인가요?

① 세계 최초의 국기는 프랑스의 삼색기다.

② 프랑스의 삼색은 자유, 평등, 박애를 나타낸다.

③ 프랑스의 삼색기는 유럽 여러 나라에 영향을 끼쳤다.

④ 유럽의 모든 나라가 프랑스와 똑같은 국기를 만들었다.

영국의 지배에서 독립한 나라들의 국기에 남아 있는 영국 국기 이름은 무엇인가요?

칠레와 카메룬의 국기에서 빨간색과 별이 무엇을 의미하는지 찾아 쓰세요.

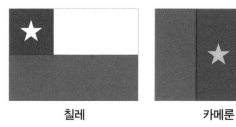

칠레   카메룬

(1) 빨간색이 상징하는 것: (   )
(2) 별이 상징하는 것: (   )

세계 여러 나라의 국기와 알맞은 설명을 선으로 이어 보세요.

(1) 아르헨티나, 칠레 ·   · (ㄱ) 삼색으로 표현함

(2) 호주, 뉴질랜드 ·   · (ㄴ) 독립운동의 흔적이
                                  나타남

(3) 이탈리아, 프랑스 ·   · (ㄷ) 영국의 지배를 받은
                                  흔적이 나타남

★ 나만의 이야기 만들기 ★

우리나라 국기인 태극기를 그릴 줄 아나요?
아래에 주어진 태극기를 완성하고, 태극기의 의미도 찾아 써 보세요.

✏️ 태극기의 의미:

◆정답은 없으니 자유롭게 써 보세요.

4과 본받고 싶은 인물

어려움을 꿋꿋하게 극복하고 꿈을 이룬 인물들의 이야기를 읽으며, 꿈을 포기하지 않는 용기에 관해 생각해 봅시다.

목표

다음 독해 기술을 이용해 봅시다.

- ☑ **낱말 이해하기**
- ☑ **가리키는 말 알기**
- ○ 글감 파악하기
- ○ 주제 이해하기
- ☑ **내용 파악하기**
- ○ 분류하기
- ○ 적용하기
- ☑ **원인과 결과 찾기**
- ○ 주장과 근거 나누기
- ☑ **추론하기**

교과서 연계
- [1학년 2학기] 국어 10단원 '인물의 말과 행동을 상상해요'
- [2학년 1학기] 국어 8단원 '마음을 짐작해요'
- [2학년 1학기] 봄(통합) 1단원 '알쏭달쏭 나'
- [2학년 2학기] 국어 4단원 '인물의 마음을 짐작해요'
- [3학년 1학기] 국어 5단원 '중요한 내용을 적어요'

아래 내용을 읽고 어떤 인물일지 짐작해서 빈칸에 써 보세요.

① 나는 조선의 4대 왕입니다.

② 나는 한자를 읽고 쓰기 어려워하는 백성들을 위해 우리나라 고유의 글자를 만들었습니다.

③ 매년 10월 9일은 내가 만든 글자를 기념하는 날입니다.

④ 나는 해시계, 물시계, 측우기(비의 양을 재는 기구) 등 백성들의 생활을 도울 수 있는 과학 발명품을 많이 만들도록 지원했습니다.

• 나는 ( )입니다.

① 나는 야생 침팬지들과 함께 생활하며 침팬지를 연구했습니다.

② 나는 침팬지가 인간처럼 도구를 사용한다는 사실을 처음 발견했습니다.

③ 나는 '침팬지의 어머니'라고도 불립니다.

④ 나는 야생동물 보호 및 환경보호 운동에 적극적으로 참여하고 있습니다.

• 나는 ( )입니다.

4과다~
조금 더 힘을 내자!

01

● 박지성은 어떻게 세계적으로 유명한 축구선수가 되었을까요?

축구선수 박지성은 경기를 뛰고 난 어느 날, 발이 퉁퉁 붓고 너무 아파서 병원을 찾았다.

"평발이니 되도록 오래 뛰지 마십시오."

의사의 말을 듣고 나서야 박지성은 자기가 평발이라는 사실을 알게 되었다. 평발인 사람은 오래 걷거나 달릴 때 보통 사람보다 더 많은 피로감과 통증을 느끼기 때문에, ㉠이 사실은 축구선수에게는 큰 약점일 수밖에 없었다.

하지만 박지성은 다른 선수들보다 더 많이 뛰고 더 오래 뛸 수 있도록 체력을 키웠다. 평발이기 때문에 축구를 잘하기 힘들다고 변명하지도 않았다. 그는 오랜 시간, 많은 고통을 참고 연습해서 자기가 속한 팀 경기와 월드컵에서 좋은 결과를 냈다. 세계적으로 유명한 축구팀인 맨체스터 유나이티드에 한국인으로는 처음으로 박지성이 들어갈 수 있었던 것은, 자신의 약점을 이겨 낸 강한 정신력과 경기장에서 보여 준 지칠 줄 모르는 체력 덕분이었다.

축구를 향한 열정과 끊임없는 노력은 어린 시절 그가 쓴 일기에도 잘 나타나 있다.

"불가능이란 없다. 우리는 우리 자신을 믿어야 한다. ㉡도전이 없으면 더 큰 성공도 없다. 쓰러질지언정 무릎은 꿇지 않는다."

포기하지 않고 약점과 어려움에 꿋꿋하게 맞선 박지성을 통해, 열정을 갖고 열심히 노력하면 무엇이든 이루어 낼 수 있다는 것을 알 수 있다.

단어 뜻 보기

평발 발바닥에 오목 들어간 데가 없이 평평한 발

피로감 몸과 마음이 지쳐서 고단한 느낌

변명 실수나 잘못에 관해 이런저런 이유를 대는 것

덕분 받은 도움이나 은혜

꿋꿋하게 굳세게

맞선 상대방에게 굽히지 않고 겨룬 ⑪ 맞서다

1 밑줄 친 ㉠이 사실은 무엇을 말하나요?

① 의사가 뛰지 말라고 한 것

② 자기가 평발이라는 것

③ 자기 발이 상처투성이라는 것

④ 오래 걷거나 달리는 것

 2 박지성의 일기 내용 중 밑줄 친 ㉡은 무엇을 뜻할까요?

① 도전했다가 한 번 실패하면 다시는 성공할 수 없다.

② 노력해도 안 되는 일 같으면 깨끗하게 포기해버린다.

③ 어려움이 있어도 포기하지 말고 꿋꿋하게 맞서야 한다.

④ 남들이 안 될 것 같다고 이야기하면 무조건 받아들인다.

내용 파악 3 박지성이 세계적으로 유명한 축구팀인 맨체스터 유나이티드에 들어갈 수 있었던 이유를 글에서 찾아 써 보세요.

강한 ☐☐☐ 과 지칠 줄 모르는 ☐☐ 덕분에

추론 하기 4 글에서 볼 때 박지성의 성격으로 알맞지 <u>않은</u> 것은 어느 것인가요?

① 의지가 약하다.

② 꾸준히 노력한다.

③ 쉽게 포기하지 않는다.

④ 도전하기를 두려워하지 않는다.

02

● 침팬지를 사랑한 제인 구달에 관해 들어 본 적 있나요?

"여보, 제인이 몇 시간째 보이지 않아요."

"경찰에 신고부터 합시다."

제인의 엄마, 아빠는 네 시간이 넘도록 보이지 않는 딸을 애타게 찾고 있었습니다.

그 시각, 다섯 살 꼬마 제인은 몰래 닭장에 들어가 지푸라기 속에 몸을 숨기고 암탉이 들어오기를 기다리고 있었습니다. 다섯 시간 정도 지나 마침내 암탉 몇 마리가 닭장에 들어왔고, 그중 한 마리가 알을 낳았습니다.

"우와, 이제 닭이 알을 어떻게 낳는지 알았어!"

닭이 알을 낳는 모습을 보기 위해 다섯 시간이나 닭장 속에 있었던 다섯 살 제인은 바로, 나중에 '침팬지의 어머니'라고 불리게 된 제인 구달입니다.

어려서부터 아프리카로 가서 동물과 함께 사는 삶을 꿈꾸었던 제인 구달은 1960년 탄자니아의 곰베라는 지역에서 야생 침팬지들과 함께 지내며 침팬지 연구를 시작했습니다.

제인 구달은 침팬지가 인간처럼 도구를 사용한다는 사실을 처음 발견하여, 그동안 인간만이 도구를 사용한다고 믿었던 전 세계 사람들을 놀라게 했습니다. 또한 침팬지가 가족 간의 유대감이 깊고, 사회생활을 한다는 사실도 발견했습니다.

제인 구달은 야생 침팬지와 40년이 넘는 기간을 함께 생활하며 침팬지 연구의 세계적인 권위자가 되었으며, 야생동물 보호 및 환경 보호 운동에도 열심히 참여하고 있습니다.

단어 뜻 보기

애타게 몹시 답답하고 안타까워서 속이 끓는 듯하게 ㉒ 애타다

야생 산이나 들에서 저절로 나고 자람

유대감 서로 밀접하게 연결된 느낌

권위자 한 분야에서 매우 뛰어나다고 인정받는 사람

내용파악 ★ 1 이 글의 주인공인 제인 구달은 무엇이라고 불리나요?

의 어머니

내용파악 ★ 2 다섯 살 꼬마였던 제인은 왜 닭장에 들어가 있었나요?

① 엄마께 야단을 맞고 토라져서

② 닭장 안에서 깜빡 잠이 들어서

③ 경찰에 신고하는 장난을 치고 싶어서

④ 암탉이 알을 낳는 모습을 관찰하려고

내용파악 ★★ 3 제인 구달의 연구 덕분에 침팬지에 관해 새롭게 알게 된 사실을 정리해 보세요.

(1) 침팬지도 인간처럼 ☐☐ 를 사용한다.

(2) 침팬지는 가족 간의 ☐☐☐ 이 깊다.

(3) 침팬지도 ☐☐☐☐ 을 한다.

내용파악 ★★★ 4 제인 구달에 관한 내용 중 바르지 않은 것은 무엇인가요?

① 어린 시절부터 동물을 좋아하고 호기심이 많았다.

② 탄자니아 곰베에서 침팬지 연구를 시작하였다.

③ 닭과 오랑우탄에 관심이 많아서 수의사가 되었다.

④ 환경과 야생동물을 보호하기 위해 열심히 활동하고 있다.

03

● 김홍도는 어떤 화가일까요?

20△△년 0월 0일 수요일

제목: 김홍도의 〈씨름〉

오늘 미술 시간에는 김홍도에 관해 배웠다. 김홍도는 조선 정조 임금 때의 유명한 화가다. 어린 시절 김홍도는 매우 가난했고 양반이 아니었기 때문에 과거 시험을 볼 수 없었다. 하지만 그림 그리기에 재능이 있었던 김홍도는 열심히 노력하여 임금님의 초상화를 세 번이나 그리는 훌륭한 화가가 되었다.

김홍도의 그림 중에 사람들에게 가장 많이 알려진 것은 풍속화인데, 풍속화란 사람들의 일상적인 생활 모습을 그린 그림이다. 선생님이 보여 주신 그림 중에서, 나는 〈씨름〉이라는 그림이 특히 기억에 남았다.

추석 때 텔레비전에서 씨름하는 것을 본 적이 있다. 그때는 경기가 경기장 안에서 진행되었고, 둥근 씨름판이 내려다보이는 위쪽에 관중석이 따로 있었다. 하지만 김홍도의 〈씨름〉에서는 관중이나 씨름하는 사람들이 모두 바깥에 있었고, 씨름판이나 관중석이 따로 보이지 않았다. 주변에서 엿을 파는 사람도 그려져 있었다. 그림 속에는 사람들의 웃는 얼굴이나 실망하는 표정 등 다양한 모습들이 담겨 있어서 더 생생하게 느껴졌다.

뛰어난 재능을 타고났으며 노력까지 게을리하지 않았던 화가 김홍도. 그의 그림이 국립중앙박물관에 전시되어 있다고 하니 직접 가서 보고 싶다.

김홍도 〈씨름〉
(출처 : 국립중앙박물관)

단어 뜻 보기

양반 조선 시대의 신분이 높은 사람들

재능 특별히 잘하는 어떤 분야의 능력

씨름판 씨름을 하는 장소

관중 경기나 공연을 구경하는 사람들

바깥 길거리나 들판 등 건물 밖 장소

생생하게 뚜렷하고 분명하게 ⑩ 생생하다

1 다음 중 김홍도에 관한 설명으로 바르지 않은 것은 무엇인가요?

① 풍속화를 그리지 않았다.

② 양반이 아니었고 어린 시절 매우 가난했다.

③ 조선 시대 정조 임금 때의 화가였다.

④ 임금님의 초상화를 세 번이나 그렸다.

2 글에서 '풍속화'의 뜻을 찾아 쓰세요.

풍속화: _____ 을 그린 그림

3 김홍도가 성공할 수 있었던 이유를 글에서 찾아 써 보세요.

뛰어난 ☐☐ 과 끊임없는 ☐☐

4 김홍도의 〈씨름〉에 관한 설명으로 바르지 않은 것은 무엇인가요?

① 김홍도가 그린 풍속화 중 하나다.

② 엿을 팔며 장사하는 사람이 그려져 있다.

③ 사람들의 표정과 모습이 생생히 표현되어 있다.

④ 씨름하는 사람들과 관중 모두 실내에 있다.

04

● 누가 한글을 만들었을까요?

조선 시대 어느 마을 큰길에 새로운 법을 알리는 종이가 붙었다. 사람들이 웅성거리며 모여들었지만, 모인 백성 중에 한자를 읽을 수 있는 사람은 아무도 없었다.

"무슨 내용인지 통 알 수가 없으니 답답하군."

한글이 생기기 전, 조선 시대 사람들은 중국에서 들여온 한자를 사용했다. 그런데 한자는 우리말을 정확하게 표현하기도 어렵고, 글자 수도 너무 많아서 백성들이 배우기 힘들었다.

세종대왕은 글자를 읽지 못해 불편함을 겪는 백성들을 늘 안타깝게 생각했다. 세종대왕은 우리말을 정확하게 표현할 수 있는 글자를 만들고자 노력했지만 수많은 어려움에 부딪혔다. 하지만 백성을 사랑하는 마음으로 포기하지 않았다.

드디어 1443년 '백성을 가르치는 바른 소리'라는 뜻의 '훈민정음'을 창제했는데, 이 글자가 바로 우리가 지금 사용하고 있는 '한글'이다. 소리를 내는 신체 각 부분의 모양을 본떠 만든 한글은 과학적이어서, 백성들이 쉽게 배워서 읽고 쓸 수 있었다.

세계 여러 나라가 자신만의 문자를 가지고 있으나 세종대왕이 만든 훈민정음(한글)은 그중 으뜸으로 꼽힌다. 세계의 문자 가운데 한글만이 그것을 만든 사람과 반포일, 그리고 글자를 만든 원리까지 알려져 있다.

단어 뜻 보기

큰길 오가는 사람이 많은 길. 넓은 길

창제 새로운 것을 처음 만드는 일

으뜸 여러 개 중에서 가장 뛰어난 것

반포 세상에 널리 퍼뜨려 모두 알게 함

원리 어떤 현상의 가장 기본이 되는 지식이나 틀

원인과 결과 찾기 ★★ **1** 백성들은 왜 새로운 법을 알리는 종이를 읽지 못하였나요?

글자로 사용하던 [　　][　　] 를 읽지 못해서

내용 파악 ★★★ **2** 글의 내용으로 바르지 <u>않은</u> 것은 무엇인가요?

① 한자로는 우리말을 정확하게 표현할 수 없었다.

② 한글은 소리를 내는 신체 부분의 모양을 본떠 만들었다.

③ 한자는 글자 수가 적어서 백성들이 배우기 쉬웠다.

④ 한글이 만들어지기 전에 우리나라에서는 한자를 사용했다.

낱말 이해 ★ **3** '훈민정음'의 뜻을 글에서 찾아 쓰세요.

훈민정음: _____

내용 파악 ★★ **4** 글을 읽고 〈보기〉에서 알맞은 말을 골라 빈칸 안에 쓰세요.

〈보기〉

세종대왕	반포일	훈민정음	원리

(　　　　)이 만든 (　　　　)은 세계 문자 가운데
유일하게 그것을 만든 사람과 (　　　　)을 알며, 글자를
만든 (　　　　)까지 알려져 있다.

● **간호학 체계를 만든 나이팅게일에 관해 들어 보았나요?**

간호 대학교에 다니는 예은이의 사촌 언니는 3학년이 되자 병원으로 실습을 나가게 되었습니다. 엄마와 예은이는 '나이팅게일 선서식'을 하는 사촌 언니를 축하해 주려고 언니가 다니는 대학교로 갔습니다. 나이팅게일 선서를 하는 학생들을 지켜보던 예은이가 엄마한테 여쭈어보았습니다.

"엄마, 간호사들이 하는 선서를 왜 나이팅게일 선서라고 해요?"

"나이팅게일이라는 분을 기리기 위해서야. 나이팅게일은 지금의 간호학 체계를 만들었다고 평가받는 분이란다. 예전에는 '간호'를 환자에게 약을 먹이거나 상처에 약을 발라 주고 붕대를 감아 주는 정도의 일이라고 생각했어. 하지만 나이팅게일은 철저한 위생 관리, 충분한 영양 공급, 그리고 환자의 심리적 안정까지 중요하다고 여겼지. 옛날에는 전쟁에서 다친 군인들을 돌보는 병원 안에 쥐가 돌아다닐 정도로 위생 상태가 엉망이었대. 환자들은 오염된 물, 더러운 옷과 침구 때문에 병균에 감염되거나 전염병에 걸려서 죽었어. 나이팅게일은 병원을 깨끗하게 바꾸어 나갔고, 그런 노력 덕분에 죽는 환자 수가 크게 줄어들었단다. 사람들은 이것을 보고 모두 기적이라고 했어."

그 밖에도 엄마는 나이팅게일이 〈간호론〉이라는 책을 펴냈고, 간호사를 교육할 수 있는 나이팅게일 간호학교를 세웠다는 이야기도 들려주셨습니다.

단어 뜻 보기

간호 환자의 병이 낫고 빨리 건강해지게 행하는 도움

실습 배운 내용을 현장에서 해 보고 익히는 일

선서 여러 사람 앞에서 굳게 약속해서 말함

체계 어떤 원리를 바탕으로 낱낱의 부분이 잘 짜여서 조직된 것

위생 건강을 위해 환경이나 음식의 상태 등을 깨끗하게 하는 것

공급 필요한 물건을 주는 것

심리적 마음의 상태와 연관된

감염 병균이 몸안에 들어와 퍼짐

예은이는 선서식을 마친 사촌 언니를 보면서 언니도 나이팅게일처럼 많은 사람들의 생명을 구하는 멋진 간호사가 되었으면 좋겠다고 생각했습니다.

내용파악 ★★ **1** 간호사들이 하는 선서를 왜 나이팅게일 선서라고 하나요?

① 나이팅게일이 최초의 간호사이기 때문에

② 지금의 간호학 체계를 만든 나이팅게일을 기리려고

③ 나이팅게일이 간호사 선서를 직접 만들었기 때문에

④ 간호학과 학생들에게 나이팅게일이 제일 인기가 있어서

내용파악 ★★ **2** 나이팅게일이 간호와 관련해서 중요하다고 여긴 세 가지를 쓰세요.

(1) 철저한 ▭

(2) 충분한 ▭

(3) 환자의 ▭

내용파악 ★★ **3** 나이팅게일에 관한 내용 중 바른 것에는 ○을, 잘못된 것에는 ×를 표시하세요.

(1) 〈간호론〉이라는 책을 펴냈다. ( )

(2) 간호사를 키울 수 있는 간호학교를 세웠다. ( )

(3) 병원 환경을 깨끗하게 바꾸는 데 관심이 없었다. ( )

〈보기〉에서 알맞은 말을 골라 아래의 원인과 결과 표를 채우세요.

원인

결과

- 병원 안에 쥐가 돌아다닐 정도로 엉망인
  (1)(   ) 상태
- 오염된 (2)(   )
- (3)(   ) 옷과 침구

➡

환자들이 병균에 감염되거나
(4)(   )에
걸려서 죽음

나이팅게일이 병원 환경을 깨끗하게 바꿔 나가기 위해 노력함

➡

죽는 환자들의 수가
크게 (5)(   )

〈보기〉

| 전염병 | 더러운 | 위생 | 줄어듦 | 물 |

예은이는 사촌 언니가 어떤 사람이 되었으면 좋겠다고 생각했나요?

사람들의 생명을 살리는 멋진

☆ 나만의 이야기 만들기 ☆

역사에 남을 큰일을 하고 사람들에게 좋은 영향을 끼친 사람을
'위인'이라고 부릅니다. 여러분이 가장 좋아하는 위인에 관해 적어 보고,
그 위인을 생각하면 떠오르는 모습도 그려 보세요.

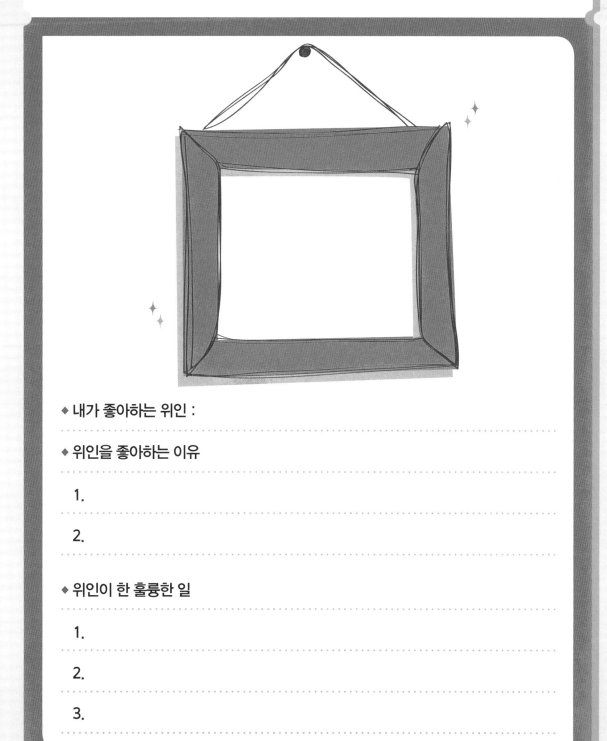

◆ 내가 좋아하는 위인 :

....

◆ 위인을 좋아하는 이유

....

 1.

....

 2.

....

◆ 위인이 한 훌륭한 일

....

 1.

....

 2.

....

 3.

....

◆ 정답은 없으니 자유롭게 써 보세요.

5과 동물과 식물

우리와 함께 살아가는 동물과 식물에 관해 잘 알고 있나요? 동식물과 함께 어울려 살기 위해서 해야 할 일들을 생각해 봅시다.

목표

다음 독해 기술을 이용해 봅시다.

- ✅ **낱말 이해하기**
- ⭕ 가리키는 말 알기
- ✅ **글감 파악하기**
- ✅ **주제 이해하기**
- ✅ **내용 파악하기**
- ✅ **분류하기**
- ⭕ 적용하기
- ✅ **원인과 결과 찾기**
- ⭕ 주장과 근거 나누기
- ✅ **추론하기**

교과서 연계
- [1학년 1학기] 봄(통합) 2단원 '도란도란 봄 동산'
- [2학년 1학기] 국어 11단원 '상상의 날개를 펴요'
- [2학년 2학기] 국어 9단원 '주요 내용을 찾아요'
- [2학년 2학기] 겨울(통합) 2단원 '겨울 탐정대의 친구 찾기'
- [3학년 1학기] 과학 3단원 '동물의 한살이'
- [3학년] 도덕 6단원 '생명을 존중하는 우리'

〈가〉와 〈나〉가 상자 안의 1번과 2번 중 어느 것에 해당하는 예인지 생각한 다음 빈칸에 기호로 쓰세요.

〈가〉

- 화재 현장이나 교통사고 현장, 건물이 무너진 곳에서 사람들을 찾아내기 위해 구조견이 출동합니다.
- 미국의 병원에는 오랫동안 입원해 있거나 수술을 앞둔 환자들이 안정을 취할 수 있게 도와주는 치료견(치료 목적으로 환자들과 만나는 개)이 있습니다.

〈나〉

- 개를 키우는 사람이 많아졌지만, 집에서 시끄럽게 짖는다거나 병이 들었다는 이유로 개를 버리는 사람들 때문에 유기견도 늘고 있습니다.

- 사람들이 함부로 동물을 사냥하고 환경을 파괴하면서 수달 같은 동물이 우리나라에서 점차 사라지고 있습니다.

1. 사람들의 욕심과 이기심 때문에 동물이 고통받고 있다. (   )
2. 어려움을 겪는 사람들에게 동물이 도움을 주고 있다.   (   )

거의
다 왔어!

01

● 어떤 동물들이 서로서로 도울까요?

동물의 세계에는 사이좋게 서로 돕는 친구들이 있습니다.

할미새는 아프리카들소와 사이가 좋습니다. 아프리카들소의 개인 비서라고 불릴 정도지요. 할미새는 들소의 등 가죽 위에 살면서 가죽에 붙은 벌레를 잡아먹습니다. 멀리서 들소의 적이 나타나면 할미새는 날카로운 소리로 울며 날개를 퍼덕이거나 부리로 들소의 머리를 두드립니다. 할미새의 신호로 들소는 적을 피해 달아날 수 있습니다. 이런 식으로 할미새와 아프리카들소는 서로서로 돕습니다.

망둥이와 장님새우도 서로 도움을 주고받는 짝꿍입니다. 망둥이는 장님새우가 판 굴에서 함께 살면서 장님새우가 사냥할 때 망을 보고, 위험이 다가오면 꼬리를 흔들어 경고합니다. 장님새우는 더듬이를 망둥이의 꼬리에 대고 있기 때문에 망둥이가 꼬리를 흔들면 함께 굴 속으로 도망칩니다.

벌집의 위치를 잘 찾는 꿀잡이새와 벌침에도 끄떡없는 벌꿀오소리는 꿀을 찾을 때 멋진 호흡을 자랑합니다. 벌집을 발견한 꿀잡이새가 벌꿀오소리에게 신호를 보내면 벌꿀오소리가 달려와 힘센 앞발로 벌집을 부수고 꿀을 맛있게 먹습니다. 벌꿀오소리는 가죽이 두꺼워서 벌에 쏘여도 끄떡없습니다. 꿀잡이새는 벌꿀오소리가 꿀을 실컷 먹을 때까지 기다렸다가 남은 꿀을 차지합니다.

아프리카들소와 할미새

단어 뜻 보기

망을 보고 멀리서 상황이나 상대의 움직임을 살피고

경고 조심하도록 미리 주의를 줌

끄떡없는 아무 문제나 탈이 일어나지 않는
⑧ 끄떡없다

호흡을 자랑하다 함께 일하는 친구나 동료와 조화를 잘 이루는 것을 뜻하는 말

차지 물건이나 공간을 내 것으로 만듦

글감 파악 ★★ **1** 무엇을 설명하는 글인가요?

① 서로 관심이 없는 동물들

② 만나면 서로 싸우는 동물들

③ 사이좋게 서로 돕는 동물들

④ 잡아먹고 잡아먹히는 동물들

내용 파악 ★★★ **2** 서로 돕는 짝꿍 동물끼리 선으로 이어 보세요.

(1) 아프리카들소 •   • (ㄱ) 장님새우

(2) 망둥이 •   • (ㄴ) 할미새

(3) 꿀잡이새 •   • (ㄷ) 벌꿀오소리

내용 파악 ★★★ **3** 다음 중 할미새에 관한 설명으로 바르지 <u>않은</u> 것은 무엇인가요?

① 망을 봐 주다가 꼬리를 흔들어 경고한다.

② 할미새의 신호로 들소는 적을 피해 달아난다.

③ 날카로운 소리로 울며 부리로 들소의 머리를 두드린다.

④ 할미새는 들소의 등 가죽에 붙어 있는 벌레를 잡아먹는다.

내용 파악 ★★ **4** 빈칸에 들어갈 알맞은 말을 글에서 찾아 쓰세요.

□□ 의 위치를 잘 찾는 □□□□ 가

신호를 보내면 □□ 에도 끄떡없는 벌꿀오소리가

벌집을 부수고 꿀을 맛있게 먹는다.

115

02

● 식충식물에는 어떤 것이 있을까요?

식충식물에 대해 들어본 적 있나요?

특별한 기관을 이용하여 곤충과 같은 작은 동물을 잡아 먹어서 양분을 얻는 식물을 식충식물이라고 해요.

먹이를 잡는 방법에 따라 식충식물은 세 종류로 나뉘어요. 벌레잡이통풀처럼 주머니 모양의 기관을 가진 식물, 파리지옥풀처럼 열리고 닫히는 잎을 가진 식물, 끈끈이주걱처럼 잎에서 끈적끈적한 액체를 내는 식물이 있어요.

이 중 벌레잡이통풀은 통 입구에서 곤충이 좋아하는 달콤한 냄새를 풍겨서 곤충을 끌어들여요. 냄새를 따라 온 곤충들은 입구 가장자리에 있는 꿀을 빨아 먹다가 미끄러져 통 속에 빠지게 되죠. 통 속에는 미끈미끈한 액체가 가득 차 있어서 한번 빠지면 빠져나올 수 없어요. 통 속에 빠진 곤충은 허우적거리다가 액체 때문에 서서히 녹아 벌레잡이통풀의 영양분이 되는 거예요.

이렇게 무서운 벌레잡이통풀이지만 집에서 키울 수도 있어요. 집에서는 보통 작은 크기의 벌레잡이통풀을 키우지만, 야생에서 자라는 것 중에는 통의 길이가 60cm[센티미터], 주둥이 지름이 18cm나 되는 큰 것들도 있답니다. 무시무시하지요?

뚜껑

주둥이

벌레잡이통풀

단어 뜻 보기

기관 생물의 몸안에서 특정한 기능을 담당하는 부분
양분 영양이 되는 성분
액체 정해진 모양이 없고 흐를 수 있는 상태의 물질
지름 원의 중심을 지나는 직선

★
낱말
이해 1 곤충과 같은 작은 동물을 잡아먹는 식물을 무엇이라고 하나요?

식물

2 식충식물을 나누는 기준은 무엇인가요?

① 먹이를 잡는 방법
② 잡아먹는 먹이의 종류
③ 식충식물의 모양
④ 식충식물의 냄새

3 식충식물과 그 특징을 알맞게 선으로 이어 보세요.

(1) 벌레잡이통풀   (2) 파리지옥풀   (3) 끈끈이주걱
•   •   •

•   •   •
(ㄱ) 잎에서 끈적끈적한   (ㄴ) 주머니 모양의   (ㄷ) 열리고 닫히는
　　　액체가 나옴   기관을 가짐   잎을 가짐

4 벌레잡이통풀이 곤충을 잡아먹는 과정을 순서대로 기호로 쓰세요.

　　ㄱ 곤충은 허우적거리다가 서서히 녹아 영양분이 됨
　　ㄴ 곤충이 통의 입구 가장자리에 있는 꿀을 빨아 먹음
　　ㄷ 벌레잡이통풀이 달콤한 냄새로 곤충을 끌어들임
　　ㄹ 미끈미끈한 액체가 가득 찬 통 속으로 곤충이 빠짐

(　　　→　　　→　　　→　　　)

03

● 개는 우리 생활에 어떤 도움을 줄까요?

"멍멍! 멍멍!"

"이리 와 보세요. 거루가 생존자를 발견했어요!"

1997년 경기도 용인에서 일어난 교통사고에서 다친 사람을 찾아낸 주인공은 사람을 구하기 위해 훈련받은 구조견 거루였다. 거루는 국내 1호 구조견이었는데, 거루의 뛰어난 활동 덕분에 구조견에 관한 사람들의 관심이 커졌다. 이후로도 사고가 난 곳에 항상 출동했던 거루는 한 화재 현장에서 건물이 무너져 내릴 때 구조대원을 밀어내고 대신 깔려 죽었다. 이러한 거루의 희생은 많은 사람에게 감동을 주었다.

개는 오랜 세월 사람 곁에 머물면서 집과 소, 양 같은 가축을 지키고 사냥을 도왔다. 그런데 요즘 개의 역할은 옛날보다 다양해졌다. 애완동물로 사람들에게 좋은 친구가 되어 주기도 하고, 거루처럼 위험에 빠진 사람을 구해내는 구조견, 공항에서 불법적인 물건이나 폭발물을 찾아내는 탐지견, 사람들의 마음을 치료하고 병원에서 환자의 기운을 북돋아 주는 치료견, 시각장애인이 걸어 다닐 때 길을 안내하고 장애물을 피하도록 돕는 시작장애인 안내견 등, 특별한 훈련을 받아 여러 분야에서 활동하는 개도 있다.

시각장애인 안내견

단어 뜻 보기

생존자 살아남은 사람

구조 큰 위험에 빠진 사람을 구해냄

출동 어떤 일을 하기 위해 떠남

화재 불이 남

현장 어떤 사건이 일어난 장소

역할 맡은 바의 일

불법 법을 어기는 것

분야 여러 개로 나뉜 부분 또는 범위

★★★
주제
이해 **1** 글쓴이가 주로 설명하고자 하는 것은 무엇인가요?

① 구조견 거루의 활약 　　　　② 서루의 용기와 희생

③ 탐지견의 뜻과 역할 　　　　④ 다양해진 개의 역할

★★★
내용
파악 **2** 거루에 관한 설명으로 바른 것에는 ○를, 잘못된 것에는 ×를 표시하세요.

(1) 용인의 교통사고 현장에서 생존자를 찾아냈다. ( )

(2) 거루는 구조견일 뿐 아니라 치료견, 탐지견이었다. ( )

(3) 한 화재 현장에서 구조대원이 거루를 구해 주었다. ( )

(4) 거루는 우리나라 1호 구조견으로 활발히 활동하였다. ( )

★★
분류
하기 **3** 다음 사진에 나온 개의 역할에 해당하는 것을 〈보기〉에서 골라 쓰세요.

〈보기〉
| 시각장애인 안내견 | 탐지견 | 구조견 | 치료견 |

(1)

( )

(2)

( )

(3)

( )

(4)

( )

04

● '공생'이라는 낱말의 뜻은 무엇일까요?

　나무나 꽃의 이파리나 줄기에 한가득 붙어 있는 하얀 가루 또는 연두색 가루 같은 것을 본 적이 있을 것입니다. 이런 가루로 보이는 것들이 바로 진딧물입니다. 진딧물은 한 마리만 있어도 금방 수천 마리로 불어나서 순식간에 식물 전체를 덮어버리고 식물을 병들게 합니다.

　진딧물은 식물에 붙어서 진액을 빨아먹습니다. 그런데 자신이 빨아들인 식물의 진액을 전부 다 소화하지 못합니다. 그래서 진딧물은 소화가 덜 된 진액을 단맛이 나는 배설물로 배출합니다.

　개미는 진딧물이 배출하는 이 단물을 좋아해서 이것을 계속 얻기 위해 진딧물을 적으로부터 지켜 줍니다. 진딧물의 가장 무서운 적은 무당벌레입니다. 무당벌레에게 진딧물은 아주 맛있는 먹이기 때문이죠. 그러나 덩치가 큰 무당벌레를 개미 한 마리가 당해낼 수 없습니다. 그래서 개미는 개미 동료들과 힘을 합쳐 무당벌레를 쫓아냅니다.

　개미와 진딧물처럼 서로 도와주는 관계를 '공생'이라고 하고, 무당벌레와 진딧물처럼 한쪽이 일방적으로 다른 쪽을 잡아먹거나 괴롭히는 관계를 '천적'이라고 합니다.

　필요에 따라 서로 돕기도 하고, 먹고 먹히기도 하는 동물들의 세계가 참 신기합니다.

단어 뜻 보기

이파리 나무나 풀에 붙은 잎

불어나서 원래보다 많아지거나 커져서

읭 불어나다

진액 동식물의 몸에서 나오는 액체

소화 먹은 음식의 형태를 바꿔서 음식 안에 든 영양분을 흡수하는 것

배설물 생물이 몸 밖으로 내보내는 똥, 오줌, 땀 등

배출 안에서 밖으로 밀어 내보냄

일방적 어느 한쪽으로 치우친

1 개미가 진딧물을 적으로부터 지켜 주는 까닭은 무엇인가요?

① 진딧물이 불쌍해서

② 원래부터 무당벌레를 싫어해서

③ 진딧물이 도와달라고 부탁해서

④ 진딧물이 배출하는 단물을 좋아해서

 2 아래의 설명에 해당하는 낱말을 글에서 찾아 쓰세요.

(1) 동물끼리 서로 도와주는 관계

(2) 한 동물이 다른 동물을 일방적으로
잡아먹거나 괴롭히는 관계

3 다음 그림에 나온 곤충들 사이의 관계를 알맞게 쓰세요.

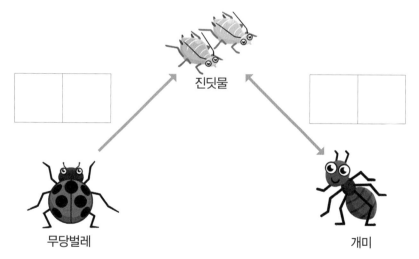

4 글에 따르면 식물은 다음 중 누구에게 제일 고마워할 것 같나요?

① 개미   ② 진딧물

③ 풍뎅이   ④ 무당벌레

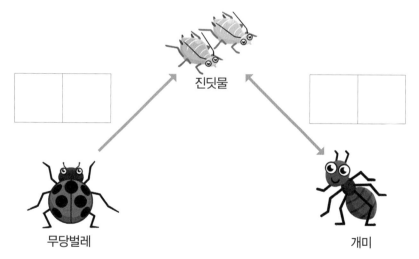

● 나무가 자라온 환경을 어떻게 알 수 있을까요?

나무를 가로로 잘랐을 때 여러 겹으로 나타나는 둥근 모양을 나이테라고 합니다.

나이테는 어떻게 생길까요? 나무줄기 속에 있는 부름켜라는 곳에서 세포가 계속 쪼개지면서 세포 수가 늘어남에 따라 나무 줄기도 점점 굵어집니다. 햇볕과 물이 충분한 여름에는 부름켜의 세포가 빨리 자라고, 세포벽의 색도 밝습니다. 따라서 이 기간에 자란 부분은 밝은색으로 보이지요. 그러나 햇볕과 물이 부족해지는 가을과 겨울에는 세포가 자라는 속도가 느려지고, 세포벽 색도 어둡습니다. 따라서 이 기간에 자란 부분은 어두운색으로 보입니다. 이렇게 환경 변화에 따라 한 해 동안 부름켜의 세포가 자라는 모습이 달라져서 나이테가 생기게 되지요. 나이테는 한 해에 한 개씩 생기기 때문에 나이테를 세어 보면 나무의 나이를 알 수 있습니다.

한 해 동안 자란 하나의 나이테는 밝은색으로 보이는 부분과 어두운색으로 보이는 부분, 두 개를 같이 센 것입니다.

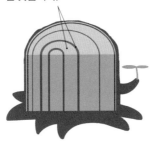

나무를 세로로 잘라서 본 모습

우리나라는 봄, 여름, 가을, 겨울 사계절이 있습니다. 나무가 자라는 환경이 계절에 따라 크게 달라지기 때문에 나이테가 뚜렷하게 나타납니다. 그러나 일 년 내내 햇볕과 물이 충분한 열대 지방의 나무들은 나이테가 있지만 뚜렷하게 보이지 않습니다.

단어 뜻 보기

세포 생물을 이루는 기본 단위

폭 물체의 가로 길이. 너비

또한, 해마다 나무가 자랐던 환경이 어떠했는지는 나이테의 폭을 통해서도 알 수 있습니다. 비가 많이 오고 햇볕을 충분히 받아서 나무가 잘 자란 해에는 나이테의 폭이 넓고, 가뭄이 들거나 햇볕이 부족하여 잘 자라지 못한 해에는 나이테의 폭이 좁습니다.

이렇듯 나이테를 보면 나무의 나이뿐 아니라 자란 환경도 알 수 있습니다.

낱말 이해 ★★ **1** 나무를 가로로 잘랐을 때 여러 겹으로 나타나는 둥근 모양을 무엇이라고 하나요?

내용 파악 ★★ **2** 나무줄기 속의 부름켜라는 곳에서 무엇이 쪼개지고 수가 늘어나 나무줄기가 두꺼워지나요?

내용 파악 ★★★ **3** 다음 중 글의 내용으로 바르지 <u>않은</u> 것은 어느 것인가요?

① 나이테는 한 해에 한 개씩 생긴다.

② 가을, 겨울에는 부름켜의 세포가 느리게 자란다.

③ 햇볕과 물이 충분한 열대 지방의 나무에는 나이테가 없다.

④ 가뭄이 들거나 햇볕이 부족했던 해는 나이테의 폭이 좁다.

내용 파악 ★★ **4** 나이테를 통해 알 수 있는 사실을 쓰세요.

• **나이테의 개수** : 나무의 [ ] [ ] 를 알 수 있음

• **나이테의 폭**: 나무가 자란 [ ] [ ] 을 알 수 있음

내용 파악 ★★★ **5** 아래 문제에서 묻는 나이테를 나타내는 기호를 골라 빈칸에 쓰세요.

(1)
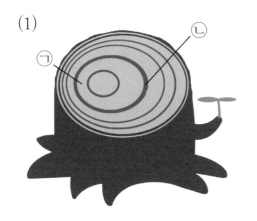

• 여름철의 나이테　(　　)
• 겨울철의 나이테　(　　)

(2)
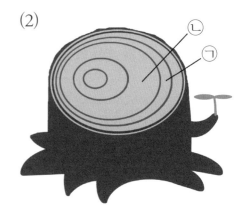

• 잘 자란 해의 나이테　(　　)
• 잘 자라지 못한 해의　(　　) 나이테

★ 나만의 이야기 만들기 ★

앞에서 '공생'과 '천적'에 관해 배웠습니다.
개미와 진딧물, 무당벌레와 진딧물처럼 공생과 천적 관계를 보여 주는
예를 하나씩 찾아 정리해 보세요.

★ 공생 관계

대표적인 예: 개미와 진딧물

진딧물은 개미에게 개미가 좋아하는 단물을 주고,
개미는 적으로부터 진딧물을 지켜 줍니다.

다른 예:

★ 천적 관계

대표적인 예: 진딧물과 무당벌레

진딧물은 무당벌레가 좋아하는 먹이여서
무당벌레는 진딧물을 맛있게 잡아먹습니다.

다른 예:

◆ 정답은 없으니 자유롭게 써 보세요.

6과 자연과 환경

놀라운 자연 현상을 이해하고, 우리가 살고 있는 지구의 아름다운 자연과 환경을 깨끗하게 지키기 위해 무엇을 해야 할지 생각해 봅시다.

목표

다음 독해 기술을 이용해 봅시다.

- ☑ **낱말 이해하기**
- ☑ **가리키는 말 알기**
- ☑ **글감 파악하기**
- ☑ **주제 이해하기**
- ☑ **내용 파악하기**
- ○ 분류하기
- ☑ **적용하기**
- ☑ **원인과 결과 찾기**
- ☑ **주장과 근거 나누기**
- ○ 추론하기

교과서 연계
- [1학년 2학기] 국어 10단원 '인물의 말과 행동을 상상해요'
- [2학년 1학기] 여름(통합) 2단원 '초록이의 여름 여행'
- [2학년 2학기] 겨울(통합) 2단원 '겨울 탐정대의 친구 찾기'
- [2학년 2학기] 국어 9단원 '주요 내용을 찾아요'
- [3학년 1학기] 국어 5단원 '중요한 내용을 적어요'
- [3학년] 도덕 6단원 '생명을 존중하는 우리'

환경 오염의 원인과 환경을 지키는 방법 등, 환경에 관해 얼마나 알고 있는지 가로, 세로 낱말 풀이를 하면서 확인해 봅시다.

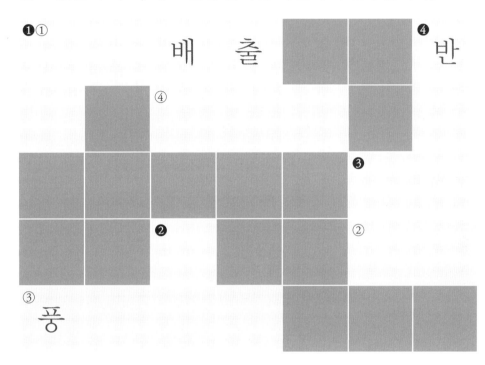

〈가로 힌트〉

① 페트병, 유리병, 과자 봉지, 상자 등을 나누어 버리는 것을 말합니다.
② 신문지나 다 쓴 공책은 ○○만 모으는 곳에 버립니다.
③ 바람의 힘을 이용하여 전기를 만들어내는 것을 말합니다.
④ 쓰레기 중에서 다시 쓸 수 있는 것들을 모아 ○○○합니다.

〈세로 힌트〉

❶ 갯벌에 사는 생물들은 바닷 속의 오염물질을 ○○합니다.
❷ 사람들이 관광지 등으로 갯벌을 ○○하면서 갯벌이 파괴되고 있습니다.
❸ 동물이나 식물이 완전히 사라져서 모습을 찾을 수 없는 것을 말합니다.
❹ 오염되지 않은 깨끗한 곳에서 사는 곤충으로 엉덩이에서 반짝반짝 빛을 냅니다.

드디어 마지막이다!
독해 실력이 쑥쑥 늘 있어!

오, 예~

01

● 쓰레기는 어떻게 분류해서 버려야 할까요?

민우네 반에서 생일파티가 열린 날이었습니다. 아이들은 생일을 맞은 친구들에게 선물을 주고 각자 챙겨온 간식도 나누어 먹었습니다. 생일파티가 끝나고 정리할 때 아이들은 자기가 먹은 음료수 페트병, 유리병, 과자 봉지, 상자 등을 쓰레기통에 아무렇게나 버렸습니다. 여러 가지 쓰레기들이 뒤섞인 교실 쓰레기통을 보시고, 선생님은 쓰레기를 분류해서 버리는 방법을 설명해 주셨습니다.

"우리 교실에 있는 쓰레기통에는 각각 '일반 쓰레기', '종이류', '플라스틱류', '유리 및 캔류'라고 설명이 써 있지요? 종이, 유리, 플라스틱, 알루미늄처럼 재활용할 수 있는 것은 각각의 이름이 붙어 있는 쓰레기통에 버리고, 콧물을 닦은 휴지처럼 재활용할 수 없는 나머지 쓰레기는 일반 쓰레기통에 버려야 해요. 이제 우리가 버린 쓰레기를 다시 분류해서 담아 볼까요?"

선생님과 아이들은 교실 쓰레기통을 쏟아서 재활용 쓰레기와 그렇지 않은 것으로 나누어 다시 알맞은 쓰레기통에 담았습니다. 선생님은 쓰레기를 분류해서 버려야 한다고 말씀하시면서, 이렇게 하면 자원을 아끼고 환경 오염도 줄일 수 있다고 하셨습니다. 선생님 말씀에 민우와 아이들은 이제 학교에서뿐만 아니라 집에서도 쓰레기를 잘 분류해서 버리겠다고 결심했습니다.

단어 뜻 보기

분류 종류에 따라 물건을 나누어 구분하는 것

재활용 버린 물건 따위를 다시 쓰거나 용도를 바꿔서 씀

자원 물건을 만들 때 사용하는 재료

★★★ 주제 이해 **1** 이 글에서 글쓴이는 무엇을 알려 주고 싶어하나요?

① 교실 쓰레기통의 적절한 크기
② 쓰레기를 배출하는 올바른 방법
③ 학교에서 나오는 쓰레기 종류
④ 먹다 남은 간식 버리는 방법

★ 적용 하기 **2** 〈보기〉의 쓰레기를 버려야 하는 쓰레기통에 기호로 쓰세요.

〈보기〉

㉠ 플라스틱 컵　　㉡ 신문지
㉢ 유리그릇　　㉣ 휴짓조각

(1)(　　　) (2)(　　　) (3)(　　　) (4)(　　　)

★★ 주장과 근거 나누기 **3** 다음 주장과 근거 표의 빈칸을 알맞은 말로 채워 선생님의 말씀을 정리해 보세요.

주장	쓰레기를 □□ 해서 버려야 한다.
근거 1	□□ 을 아낄 수 있다.
근거 2	□□ □□ 을 줄일 수 있다.

02

● 갯벌에는 어떤 생물이 살까요?

20△△년 ○월 ○일 토요일 (날씨: 맑고 바람 붐)

제목: 재미있는 갯벌 생태 체험

주말 아침, 우리 가족은 갯벌 생태 체험을 하러 갔다. 도착하니 벌써 바닷물이 빠져나가서 넓은 갯벌이 펼쳐져 있었다. 갯벌에 들어가자 진흙에 발이 푹푹 빠져서 걷기가 조금 힘들었지만 재미있었다.

갯벌에서 호미로 여러 가지 조개를 캐고, 망둥이와 갯지렁이, 작은 게도 보았다. 아빠가 작은 게를 잡아 내 손바닥 위에 올려놓으셨을 때는 조금 무섭기도 했다. 평소에 바다 생물에 관심이 많은 동생은 정신 없이 갯벌 생물들을 쫓아다니고 있었다.

진흙 속에 이렇게 많은 생물이 숨 쉬며 살아가고 있다는 사실이 참 신기했다. 갯벌에는 수많은 생물이 살고 있고, 여기에서 나는 해산물의 가치가 엄청나다고 책에서 읽은 기억이 났다.

엄마는 갯벌에 사는 많은 생물이 오염 물질을 분해해서 바닷물을 깨끗하게 만들어 준다고 말씀하셨다. 하지만 사람들이 갯벌에 공장을 짓거나 관광지로 개발하면서 소중한 갯벌이 점점 사라지고 있다고 걱정하셨다.

사람들의 욕심으로 갯벌에 사는 생물들이 살 곳을 잃어버린다고 생각하니 미안한 마음이 들었다. 소중한 갯벌을 잘 지켜서 귀여운 갯벌 친구들을 계속 만날 수 있으면 좋겠다고 생각했다.

단어 뜻 보기

갯벌 바닷물이 드나드는 넓은 벌판

생태 생물이 살아가는 모습 또는 상태

호미 논밭의 잡초를 뽑아 없애는 농기구

생물 동물, 식물 등 생명을 갖고 태어나 살아가는 것

가치 어떤 것이 가지고 있는 중요성이나 쓸모, 가격

분해 하나로 되어 있는 것을 낱낱으로 나눔

개발 사람들에게 이롭게 땅이나 각종 자원을 바꾸거나 만드는 일

★ **1** 글쓴이의 가족은 주말에 무엇을 하고 왔나요?

				체험

 ★★ **2** 글에서 갯벌에 사는 생물로 나오지 <u>않은</u> 것은 무엇인가요?

① 조개 ② 갯지렁이

③ 망둥이 ④ 오징어

내용
파악 ★★ **3** 다음 중 글의 내용으로 바르지 <u>않은</u> 것은 어느 것인가요?

① 소중한 갯벌이 점점 늘어나고 있다.

② 갯벌에는 많은 생물이 살고 있다.

③ 글쓴이 동생은 바다 생물에 관심이 많다.

④ 갯벌에서 나는 해산물의 가치가 높다.

내용
파악 ★★★ **4** 빈칸을 채워 갯벌에 사는 생물의 역할과 갯벌이 사라지는 이유에 관한 설명을 완성하세요.

갯벌 생물의 역할	갯벌에 사는 많은 생물은 (1)( )을 (2)( )해서 바닷물을 깨끗하게 만든다.
갯벌이 사라지는 이유	사람들이 자꾸 갯벌을 (3)( )하면서 소중한 갯벌이 점점 사라지고 있다.

03

● 무지개는 어떻게 생길까요?

무지개는 하늘에서 볼 수 있는 무척 신비롭고 아름다운 현상입니다. 그래서 옛날 사람들은 신이 무지개를 만든다고 믿었습니다. 또 무지개가 하늘과 땅 사이에 걸쳐 있는 것처럼 보이기 때문에 신과 인간을 이어주는 다리라고 생각하기도 했습니다.

과학적으로 살펴보면, 무지개는 물방울과 빛에 의해 생기는 현상입니다. 태양에서 뿜어져 나온 빛이 빗방울이나 구름 속 물방울을 지날 때 여러 가지 색깔로 갈라지는데, 이것이 바로 무지개입니다.

무지개 색의 개수는 나라와 지역에 따라 다릅니다. 우리는 무지개 색깔을 빨주노초파남보 일곱 색으로 세지만, 영국이나 미국에서는 남색을 뺀 여섯 가지 색으로, 멕시코 원주민인 마야족은 다섯 가지 색으로 표현하기도 합니다.

요즘은 큰 도시에서 아름다운 무지개를 보기가 점점 어려워지고 있습니다. 공기 중에 가득한 미세먼지 등 여러 오염 물질이 무지개를 보기 힘들게 가리기 때문입니다. 아름답고 신비로운 무지개를 계속 보기 위해서라도 우리는 오염을 줄이고 공기를 깨끗하게 지켜야 하겠습니다.

단어 뜻 보기

신비롭고 이해가 안 갈 정도로 너무 신기하고

현상 사물이나 어떤 일이 일어나는 모양새

글감 파악 ★ **1** 이 글은 무엇에 관해 설명하고 있나요?

내용 파악 ★★ **2** 다음 중 글의 내용으로 바르지 <u>않은</u> 것은 어느 것인가요?

① 무지개는 물방울과 빛에 의해 생기는 것이다.

② 옛날 사람들은 무지개를 신이 만든다고 믿었다.

③ 모든 나라는 무지개 색을 일곱 가지로 나타낸다.

④ 빛은 빗방울 속을 지날 때 여러 가지 색으로 갈라진다.

원인과 결과 찾기 ★★ **3** 큰 도시에서 무지개를 점점 보기 힘들어지는 이유를 글에서 찾아 쓰세요.

		중에 가득한			물질이 무지개를 가린다.

04

● 반짝반짝 빛나는 반딧불이를 본 적 있나요?

공기가 맑은 산골 마을에 밤이 찾아오면 풀숲에서 반짝반짝 빛나는 작은 곤충을 만날 수 있다. 이 곤충의 이름은 반딧불이로, 옛날에는 반딧불이를 '개똥벌레'라고도 불렀다. 반딧불이 배 끝에는 노란 부분이 있는데, 이 부분에 있는 특별한 물질이 산소와 만나면 반짝반짝 빛이 나게 된다.

그럼 반딧불이는 왜 반짝이는 걸까? 이는 짝을 찾기 위해서이다. 반짝이는 줄이 두 줄이면 수컷이고 한 줄이면 암컷이기 때문에, 암컷과 수컷은 줄의 수로 서로를 구별해서 마음에 드는 짝을 찾는다.

짝짓기 후, 암컷 반딧불이는 이끼나 나무뿌리에 알을 낳는다. 알에서 나온 반딧불이 애벌레는 깨끗한 물속에서 열 달을 지낸 후 땅 위로 나와서 번데기가 된다. 그리고 번데기가 껍질을 벗고 날개를 달면 드디어 반딧불이가 되는 것이다. 다 자라서 풀 위로 올라온 반딧불이는 이슬을 먹으면서 14일 정도 사는데, 이때 반짝거리며 짝을 찾으러 다닌다.

요즘은 반딧불이를 보기 힘들어졌다. 자연이 파괴되면서 반딧불이가 점점 살 곳을 잃게 되었기 때문이다. 이에 따라 우리나라는 반딧불이와 함께 반딧불이가 제일 많이 사는 전라북도 무주군 설천면 남대천 일대를 천연기념물로 정하여 반딧불이 보호에 힘을 쏟고 있다.

단어 뜻 보기

산소 생물이 살기 위해 숨 쉴 때 들이마시는 기체

구별 차이에 따라 이것과 저것을 나누는 것

파괴 때려 부수거나 깨뜨려서 못 쓰게 만드는 것

일대 어떤 지역 전체

천연기념물 특별하게 보호하기 위해 법으로 정한 동식물이나 지역

1 무엇을 설명하는 글인가요?

 2 다음 그림에서 반딧불이가 반짝이는 모습을 보고 암컷인지 수컷인지 구별해서 동그라미를 치세요.

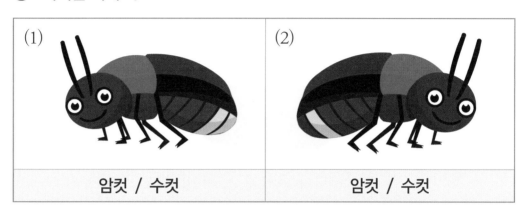

(1)	(2)
암컷 / 수컷	암컷 / 수컷

3 알에서 나와 반딧불이가 되기까지 과정을 순서에 맞게 기호로 쓰세요.

> ㉠ 번데기가 껍질을 벗고 날개를 달게 됨
>
> ㉡ 암컷 반딧불이가 이끼나 나무뿌리에 알을 낳음
>
> ㉢ 애벌레가 깨끗한 물속에서 열 달을 지냄
>
> ㉣ 14일간 반짝거리며 짝을 찾으러 다님

(㉡ → → →)

4 반딧불이에 관한 내용 중 바르지 <u>않은</u> 것은 무엇인가요?

① 요즘도 어디서나 반딧불이를 쉽게 볼 수 있다.

② 옛날에는 반딧불이를 개똥벌레라고도 불렀다.

③ 배 끝에 있는 특별한 물질이 산소랑 만나면 빛난다.

④ 반딧불이가 제일 많이 사는 지역을 특별히 보호하고 있다.

05

● 바람의 힘으로 전기를 만들 수 있을까요?

주말에 가족과 함께 대관령으로 여행을 떠났다. 우리나라 대표 초원 지대로 손꼽히는 대관령은 정말 아름다웠다. 특히 초록빛의 초원 위에 서 있는 하얀 바람개비들이 참 예뻤다.

"수민아, 저 바람개비가 보이지? 저것은 바람의 힘을 이용해서 전기를 만들어 내는 풍력 발전기야."

"네? 바람의 힘으로 전기를 만든다고요?"

나는 깜짝 놀라서 아빠께 여쭈었다.

"그래. 바람의 힘을 전기 에너지로 바꾸는 것을 풍력 발전이라고 하지. 풍력 발전기는 바람이 세게 부는 산지, 해변, 섬 같은 곳에 주로 설치해."

이렇게 멋있는 바람개비들이 전기까지 만들어 낸다는 사실이 정말 놀라웠다.

아빠는 풍력 발전은 바람의 힘을 이용하기 때문에 친환경적이고 유지비도 싸다고 하셨다. 또 공기 오염이 점점 심각해져서 요즘은 석탄과 같은 화석 연료로 전기를 만드는 방식을 대신할 친환경 발전 방식을 많이 연구하고 있다고 하셨다. 주로 태양광(빛), 바람, 바닷물의 힘을 이용한다고 한다.

아빠의 설명을 들으며 나는 다시 풍력 발전기를 바라보았다. 대관령 언덕에 서서 세찬 바람을 맞으며 힘차게 돌아가는 풍력 발전기가 참 고맙게 느껴졌다.

단어 뜻 보기

여쭈었다 공손하게 말하거나 물었다 ⑩ 여쭙다
발전 전기를 일으킴
친환경 환경을 해치지 않고 자연 그대로 지키는 것
유지비 보존하는 데 드는 비용
연료 빛, 열, 에너지 등을 얻기 위해 태우는 재료

**내용
파악** ★ **1** 대관령 초원 위에 서 있는 새하얀 바람개비는 무엇인가요?

☐☐ ☐☐☐

**낱말
이해** ★★ **2** 빈칸을 채워 '풍력 발전'의 뜻을 써 보세요.

풍력 발전: ☐☐ 의 힘을 ☐☐ 에너지로 바꾸는 것

**내용
파악** ★★ **3** 빈칸을 알맞은 말로 채워 풍력 발전기에 관해 정리해 보세요.

(1) **설치 장소:** ☐☐ 이 ☐☐ 부는 곳

(2) **장점:** ☐☐☐ 적이고 유지비가 ☐☐ 는

장점이 있음

**내용
파악** ★★ **4** 다음 중 친환경 발전 방식이 <u>아닌</u> 것은 무엇인가요?

① 태양의 빛을 이용하는 방식

② 바람의 힘을 이용하는 방식

③ 화석 연료를 이용하는 방식

④ 바닷물의 힘을 이용하는 방식

06

● 우리나라의 멸종 위기 동물에는 무엇이 있을까요?

호랑이   반달가슴곰   수달   물개

호랑이, 반달가슴곰, 수달, 물개, 하늘다람쥐……. 이 동물들의 공통점은 무엇일까요? 언뜻 보면 서로 관계없는 동물들 같지만 하나의 공통점이 있습니다. 그것은 바로 우리나라에서 곧 멸종될지도 모르는 동물이라는 사실입니다.

가슴에 V[브이]자 모양의 반달무늬가 있는 반달가슴곰은 채 50마리도 안 되는 수가 살아 있는 것으로 짐작됩니다. 웅담 때문에 불법으로 사냥 당하고, 산과 숲이 파괴되면서 살 곳이 줄어들었기 때문입니다.

귀여운 외모로 어린이의 사랑을 듬뿍 받는 수달도 멸종 위기 동물입니다. 예전에는 강에서 흔하게 볼 수 있었지만, 사람들이 털가죽을 얻기 위해 마구 잡아 들이고 강이 오염되면서 수달의 수가 빠르게 줄어들고 있습니다.

이 외에도 붉은 박쥐나 산양 또한 환경 파괴 때문에 살 곳이 줄어 사라질 위험에 처해 있습니다.

이미 한국 늑대처럼 가죽이나 털을 노리는 사람들 때문에 멸종된 동물도 많습니다. 더 늦기 전에 사라져가는 멸종 위기 동물들을 보호하고, 사람과 동물이 더불어 살아가는 환경을 만들기 위해 노력해야겠습니다.

단어 뜻 보기

멸종 생물의 한 종류가 완전히 사라지는 것

채 기준에 미치지 못함을 이르는 말. 주로 '안 되다', '못 되다'와 함께 쓰임

웅담 곰의 쓸개를 말린 것 (※쓸개: 간 아래쪽에 있는 주머니로 쓸개즙을 저장)

듬뿍 넘칠 만큼 가득한 모습을 나타내는 말

처해 어떤 형편을 맞이하게 ⑨ 처하다

글감 파악 ★ **1** 무엇에 관해 설명하는 글인가요?

우리나라의 [ ][ ] [ ][ ] 동물

원인과 결과 찾기 ★★ **2** 표의 동물이 왜 멸종 위기에 처했는지 이유를 찾아 표를 완성해 보세요.

동물	원인	결과
반달가슴곰	• (1)( )을 구하기 위해 사냥 당함 • 산과 숲이 파괴되어 살 곳이 줄어듦	멸종 위기
수달	• (2)( )을 얻기 위해 사냥 당함 • (3)( )이 오염됨	
산양 붉은 박쥐	• (4)( ) 파괴로 살 곳이 줄어듦	

내용 파악 ★★★ **3** 소개된 동물 중 곧 멸종할 상황의 동물이 <u>아닌</u> 것은 무엇인가요?

① 한국 늑대   ② 호랑이
③ 수달   ④ 물개

적용 하기 ★★ **4** 멸종 위기 동물을 보호하기 위해서 할 일이 <u>아닌</u> 것은 무엇일까요?

① 불법 사냥을 못하게 막는다.
② 산과 숲의 파괴를 막기 위해 노력한다.
③ 멸종 위기 동물들을 모두 동물원에서 보호한다.
④ 환경 오염을 줄이는 방법을 고민해서 실천한다.

● **물의 형태는 어떻게 변할까요?**

　햇볕이 좋은 날 빨랫줄에 축축하게 젖은 옷을 걸어 두면 보송보송 잘 마릅니다. 예쁜 물고기들이 사는 어항 속의 물도 시간이 지나면 조금씩 줄어들어요. 젖은 옷이나 어항 속에 있던 물은 어디로 간 걸까요?

　햇볕을 받아 온도가 높아지면 물방울은 점점 따뜻해져요. 따뜻해진 물방울은 무게가 가벼워져서 공기 중에 떠다니게 되는데, 이것을 수증기라고 합니다. 이런 수증기는 눈으로 보거나 손으로 만질 수 없지만 우리 주변의 공기에 언제나 포함되어 있어요.

　공기 중의 수증기는 더 따뜻해지면 바람을 타고 하늘로 올라갑니다. 하늘 높이 올라가면 공기가 차가워지기 때문에 공기 속에 있는 수증기도 식어서 아주 작은 물방울로 변해요.

　우리가 하늘에서 볼 수 있는 구름은 이러한 작은 물방울이 모여서 만들어진 거예요. 구름 속의 작은 물방울들은 서로 달라붙고, 이런 물방울들이 계속 붙으면서 구름은 점점 크고 무거워져요. 비가 오기 전에 우리가 볼 수 있는 검은 먹구름이 바로 ㉠이 상태예요. 마침내 구름이 더 떠 있을 수 없을 만큼 무거워지면 빗방울이 되어 땅으로 뚝뚝 떨어집니다.

　지금도 우리 주변의 작은 물방울은 햇볕을 받아 수증기가 되어 공기 속을 여행하고 있어요. 언젠가 빗방울이 되어 우리와 다시 만날 때까지 신나는 여행을 계속하겠지요?

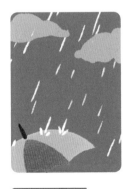

단어 뜻 보기

보송보송 잘 말라서 물기가 없고 보드라운 상태

포함 속에 함께 넣거나 들어있음

1차 2차 3차 4차 5차 6차

내용파악 ★★ 1 이 글에 알맞은 제목을 써 보세요.

모습이 바뀌는 [　　] 의 여행

낱말이해 ★ 2 따뜻해진 물방울은 무게가 가벼워져서 공기 중에 떠다니게 되는데, 이것을 무엇이라고 하나요?

[　　|　　|　　]

내용파악 ★★★ 3 구름이 어떻게 만들어지는지 빈칸을 알맞은 말로 채워 보세요.

[　　|　　|　　] 가 하늘 위로 올라감

➡ 찬 [　　|　　] 때문에 식어서 작은 [　　|　　|　　] 로 바뀜

➡ 이렇게 바뀐 작은 [　　|　　|　　] 이 모여서 구름이 됨

가리키는 말 알기 ★★ 4 밑줄 친 ⊙이 상태가 어떤 상태인지 빈칸에 알맞은 말을 써 보세요.

구름 속의 작은 [　　|　　|　　] 이 계속 서로 달라붙어

구름이 크고 [　　|　　|　　|　　] 상태

141

5 물의 변화 과정에 맞게 그림 기호를 순서대로 쓰세요.

(㉠ → → →)

☆ 나만의 이야기 만들기 ☆

반달가슴곰, 수달, 산양, 반딧불이뿐 아니라
아래의 동물들도 멸종 위기 상태입니다. 이러한 동물을 보호할 수 있는
방법을 생각한 다음 나의 결심을 적어 보세요.

물장군

두루미

맹꽁이

담비

쇠똥구리

저어새

★ 멸종 위기의 동물을 지키기 위한 나의 결심

1. _____

2. _____

3. _____

나는 멸종 위기에 놓인 동물을 지키기 위해 위의 세 가지를 결심하였습니다. 사람과 동식물이 함께 어우러져 사는 아름다운 세상을 만들기 위해 위의 세 가지를 꼭 지키겠습니다.

이름 : _____
....

◆ 정답은 없으니 자유롭게 써 보세요.

정답과 해설

어떻게 읽을까
무엇을 읽을까

어떻게 읽을까

독해기술 01 낱말 이해하기

17쪽

> 1 비가 내리지 않는
> 2 (1) 급하게 서둘러서 (2) 느릿느릿

1 낱말 뜻 찾기 글에서 비가 오지 않는 상황을 이야기하고 있습니다. '오랫동안 비가 내리지 않고 있습니다', '비가 오지 않으니', '비가 내리지 않으니 땅은 말라 갈라지고 벼나 다른 곡식도 잘 자라지 못하고 있어요'와 같은 부분을 볼 때 '가뭄'의 뜻은 '오랜 기간 비가 내리지 않는 것'임을 알 수 있습니다.

2 낱말 뜻 파악하기 (1) 달리기 경기 중에 푹 잠들었던 토끼는 깨어나자 '부리나케' 결승선을 향해 달렸습니다. 이 모습을 상상하면 토끼는 빨리, 서둘러서 달렸을 것입니다. 따라서 '부리나케'의 뜻을 글에서 찾아 보면 가장 알맞은 것은 '급하게 서둘러서'임을 알 수 있습니다.
(2) '부리나케'의 뜻이 '급하게 서둘러서'이므로 그와 반대의 뜻을 글에서 찾으면 됩니다. 거북이의 걸음을 표현한 '느릿느릿'이 반대되는 뜻이겠네요.

독해기술 02 가리키는 말 알기

19쪽

> 1 풀을 삼켜서 위에 보관했다가 다시 꺼내서 천천히 씹는
> 2 ㉠: 도서관 ㉡: 영미 ㉢: 오후 2시

1 앞 내용 확인하기 '이것'='되새김질'이고, '이것'의 앞 내용을 보면 '풀을 삼켜서 위에 보관했다가 다시 꺼내서 천천히 씹는 행동'을 '이것'이라고 한다는 것을 알 수 있습니다.

2 가리키는 대상 파악하기 글에 가리키는 말이 많이 나올 때, 그것이 각각 무엇을 가리키는지 대상을 확실하게 파악해야 합니다. '이곳'은 장소를 대신 가리키는 말이고, '그 친구'는 사람을 가리키며, '이 시간'은 어떤 시간을 가리킬 때 사용하는 말입니다. 가리키는 말 대신 그 자리에 대상을 넣어서 읽어 본 다음 내용이 자연스럽게 연결되는지 살펴보세요.
도서관에서 책을 읽고 있었고, 도서관에서는 휴대폰을 꺼 두어야 하므로 '㉠이곳'은 '도서관'이라는 것을 알 수 있습니다. 선생님 말씀에 얼굴이 빨개진 '㉡그 친구'는 휴대폰 주인인 '영미'입니다. 그리고 알람이 오후 2시에 울렸으므로 '㉢이 시간'은 '오후 2시'임을 알 수 있습니다.

독해기술 03 글감 파악하기

21쪽

> 1 (1) 치타 / 5번 (2) 치타   2 ②

1 반복되는 낱말 찾기 (1) 글에서 가장 자주 사용된 낱말은 '치타'로, 총 5번 나옵니다.
(2) 글에서 가장 많이 나온 낱말이 치타이고 치타가 빨리 달리는 이유를 설명하고 있으므로, 글감은 '치타'입니다.

2 중요 내용 찾기 이 글은 곤충을 글의 재료 삼아 곤충이 무엇인지, 곤충의 종류로는 무엇이 있는지를 설명하고 있습니다. 따라서 글감은 '곤충'입니다.

주제 이해하기

23쪽

1 (1) **집안일** (2) ③

1 글감과 주제 파악하기 이 글은 '우리 집은 일요일마다 아빠랑 내가 식사를 준비하고 집안일을 해요'라는 문장으로 시작됩니다. 그 뒤에 주인공과 아빠가 일요일마다 집안일을 하게 된 이유와 집안일 하는 것에 대한 주인공의 생각이 어떻게 바뀌었는지가 나옵니다. 집안일과 관련한 내용이 계속 나오므로 글감은 '집안일'이라는 것을 알 수 있습니다. 글의 주제는 "집안일은 엄마 혼자 하는 일이 아니야. 식구들이 함께 해야 하는 일이지."라는 아빠의 말에서 드러납니다.

05

내용 파악하기

25쪽

1 (1) 스티븐 스필버그
(2) 매우 조용하고 수줍음이 많았다
(3) 비디오카메라로 다양한 장면들을 촬영해 자기만의 영화로 만들었다
2 (1) 어린 시절 상상했던 모험과 이야기들을 영화로 만드는 일
(2) ②

1 인물 정보 파악하기 인물에 관한 글을 읽을 때 '누가, 언제, 어디서, 무엇을' 했는지를 세세히 살펴보며 읽는 게 좋습니다. 이 글은 스티븐 스필버그에 관한 이야기로 그는 어릴 때 매우 조용하고 수줍음이 많은 소년이었고, 어린 시절에는 비디오카메라로 다양한 장면들을 촬영해 자기만의 영화로 만들면서 시간을 보냈다고 나옵니다.

2 중요 내용 파악하기 (1) 스티븐 스필버그는 어른이 되면 자신이 어린 시절 상상했던 모험과 이야기들을 영화로 만드는 일을 하고 싶어했습니다.

(2) 스티븐 스필버그의 대표작으로 글에 소개된 것은 〈E.T.〉, 〈백 투 더 퓨처〉, 〈쥬라기 공원〉입니다.

글을 읽을 때 세세한 정보를 따로 표시해 두면 틀린 정보를 찾기 쉬워집니다.

분류하기

27쪽

1 (1) **식성** (2) **해설 참조**
(3) **육식동물: ⓛ, ⓒ / 초식동물: ⑦, ⓔ**

1 기준에 맞춰 분류하기 (1) 글의 첫 번째 문장에 동물을 '식성'에 따라서 육식동물과 초식동물로 나눈다고 말합니다.

(2) 고기를 먹는 육식동물로 소개된 것은 사자, 호랑이, 상어, 곰, 고양이, 독수리입니다. 식물을 먹는 초식동물로 소개된 것은 소, 염소, 토끼, 기린, 판다, 양입니다.

육식동물	초식동물
사자, 호랑이, 상어, 곰, 고양이, 독수리	소, 염소, 토끼, 기린, 판다, 양

(3) 육식동물과 초식동물을 비교하여 각각의 특징을 잘 나누어 보세요. 육식동물은 다른 동물을 사냥해서 잡아먹어야 하기 때문에 뾰족하고 날카로운 송곳니와 발톱을 가지고 있습니다. 반면에, 초식동물은 풀이나 나뭇잎 등 식물을 네모난 앞니로 자른 다음 넓적한 어금니로 갈아 먹습니다. 초식동물의 발톱은 날카롭지 않습니다.

독해기술
07 적용하기

29쪽

1 ①
2 (1) 가르쳐 (2) 가리켰다 (3) 가리키시며

1 상황에 맞게 적용하기 글에서 감기는 피곤할 때 걸리기 때문에 푹 쉬고, 비타민 C를 먹고 몸의 면역력을 높여 감기 바이러스가 퍼지는 것을 막으라고 이야기합니다. 이러한 글의 정보를 잘 이해해서 이를 제대로 적용한 것은 목감기에 걸렸을 때 비타민 C가 많이 든 레몬주스를 자주 마셨다고 한 '준호'입니다.

2 배운 정보 적용하기 '가르치다'는 어떤 정보를 알려 주는 것입니다. 따라서 수학문제 푸는 방법을 알려 달라고 요청하는 (1)번에 써야 합니다. '가리키다'는 손가락이나 도구로 방향을 나타내거나 어떤 대상을 딱 집어서 말할 때 쓰는 낱말입니다. 따라서 '방향'과 '대상'을 표시하는 의미의 낱말이 나와야 하는 (2)번과 (3)번에 사용해야 합니다.

독해기술
08 원인과 결과 찾기

31쪽

1 (1) 결과, 원인 (2) 원인, 결과 (3) 원인, 결과
2 (1) 원인: 감기 / 결과: 학교 (2) ①, ③

1 원인과 결과 구분하기 (1) '왜냐하면 ~하기 때문이다' 형태의 문장은 일의 '원인(까닭)'을 나타내는 경우가 많습니다. 따라서 '정우가 화를 잘 내기 때문에'가 [원인]이 되고, '아이들은 정우와 친해지기 어려워한다'는 [결과]가 됩니다.

(2) '~해서 ~했다' 형태의 문장은 주로 '결과'를 나타냅니다. '골목에 세워진 차가 너무 많아서'가 [원인]이 되고, '소방차가 골목 안으로 들어오지 못했다'가 [결과]입니다.

(3) '~하자 ~했다'는 주로 '결과'를 나타내는 문장 형태입니다. '초식 공룡의 수가 확 줄자'라는 [원인] 때문에 '육식 공룡의 수도 줄어들기 시작했다'라는 [결과]가 발생했습니다.

2 알맞은 원인 찾기 윤선이가 감기에 걸려서[원인] 학교를 가지 못하는[결과] 이야기가 담긴 글입니다. 엄마 말씀에 따르면, 전날 비가 많이 오는데 윤선이는 비를 맞고 집까지 걸어왔고, 밤에 에어컨을 틀어놓은 채 이불도 덮지 않고 자서, 즉 몸을 따뜻하게 하지 않고 자서 감기에 걸렸다는 것을 알 수 있습니다.

독해기술 09 주장과 근거 나누기

33쪽

> **1** 주장: ② / 근거: ①

① 주장과 근거 찾기 주장하는 내용은 보통 '~해야 합니다', '나는 ~라고 생각한다' 등으로 표현할 때가 많습니다. 편지에서 엄마의 주장을 담은 문장을 찾아보세요. 또한 주장을 뒷받침하는 근거가 주장하는 말 앞에 나오는지 뒤에 나오는지 확인하세요.

이 글은 부드럽게 부탁하는 형식으로 쓰여진 편지로, '화가 나도 소리부터 지르지 말고, 먼저 왜 화가 났는지 동생에게 차분하게 이야기해 줄 수 있겠니?'와 '그러니까 다음에는 동생이 뭔가를 잘못했을 때, 엄마는 지민이가 화부터 내지 말고 차근차근 설명해 주면 좋겠다고 생각해'에서 엄마의 주장이 무엇인지 알 수 있습니다.

지민이가 동생에게 소리 지르는 대신 화난 이유를 차분하게 설명해야 하는 까닭으로 엄마가 말한 것은 '동생은 자기가 무엇을 잘못했는지 잘 모르는데 누나가 소리부터 지르니까 많이 놀라고 마음이 상했다고 해. 그래서 누나 말을 듣지 않고 더 고집을 부렸다고 하더라'입니다.

독해기술 10 추론하기

35쪽

> **1** (1) (ㄱ)–(나) (ㄴ)–(가) (2) ①

① 성격과 할 일 추론하기 (1) 추운 겨울을 대비해, 먹이를 많이 구할 수 있는 봄과 여름에 부지런히 먹을 것을 모아둔 개미는 부지런하고 지혜로운 성격이고, 먹을 것을 구하기 힘들어지는 겨울을 대비하지 않고 먹고 놀기만 한 베짱이는 게으르고 어리석은 성격임을 짐작할 수 있습니다.

(2) '그때 개미가 한 말을 들었어야 했는데! 지금쯤 개미는 따뜻한 집에서 배부르게 먹고 있겠지? 개미네 집에 가 볼까?'라는 부분에서 베짱이는 개미에게 부끄럽지만, 배고픔을 이기지 못해 개미네 집으로 먹을 것을 구하러 갈 것이라는 사실을 예상할 수 있습니다.

실전! 독해 테스트

1 ②

2 ㉠: 물건을 새롭게 만들어 내는 ㉡: 유명한 말

3 ④

4 ④

5 티라노사우루스 렉스

6 ②

7 ③

8 ④

1 **글감 파악하기** 이 글은 토머스 에디슨의 끈기와 열정, 도전 정신 등 에디슨의 삶의 모습에 관해 쓴 글입니다.

2 **낱말 이해하기** 밑줄 친 '㉠발명' 앞의 내용을 보면 에디슨은 1,300개가 넘는 물건을 새롭게 만들어내서 '발명왕'이라는 별명을 얻었다는 내용이 나옵니다. 이것으로 보아, '발명'의 뜻은 '물건을 새롭게 만들어내는 것'이라는 사실을 알 수 있습니다. 그리고 '실패는 성공의 어머니'라는 유명한 말이 에디슨의 명언이므로, '㉡명언'의 뜻은 '유명한 말'이라는 것 또한 알 수 있습니다.

3 **가르키는 말 알기** 밑줄 친 '이러한 모습' 앞의 내용을 확인하세요. 에디슨의 '끊임없는 도전 정신과 열정', '연구를 그만두거나 포기하지 않았습니다', '끈기와 열정, 도전하는 태도'와 같은 말을 보면 밑줄 친 '이러한 모습'은 에디슨의 '끈기와 열정, 도전하는 태도'를 보여 주는 모습이라는 것을 알 수 있습니다.

4 **주제 이해하기** 글의 주제(중심생각)는 '우리가 에디슨을 존경하는 이유는 그가 단순히 많은 것을 발명해서가 아니라 그의 끊임없는 도전 정신과 열정 때문입니다'라는 문장과 '에디슨의 이러한 모습은 오늘날까지 사람들에게 큰 감동을 주고 있습니다'에서 잘 드러납니다.

5 **내용 파악하기** 글의 첫 번째 단락을 보면 티라노사우루스 렉스의 공룡 화석을 처음 찾아낸 사람이 바넘 브라운이라는 내용이 나옵니다.

6 **원인과 결과 찾기** '어른이 되어서도 바넘 브라운은 남들이 찾지 못한 공룡 화석을 찾아내겠다는 꿈을 품고 시간이 날 때마다 화석을 찾으러 다녔다'라는 부분에서 다른 사람이 찾지 못한 새로운 공룡 화석을 찾아내는 것이 바넘 브라운의 꿈이었다는 것을 알 수 있습니다.

7 **내용 파악하기** 바넘 브라운이 최초로 찾아낸 공룡 화석은 티라노사우루스 렉스로, 이름의 뜻은 '폭군 도마뱀'입니다. 이 화석이 발견되었기 때문에 티라노사우루스 렉스의 몸길이와 몸집을 알 수 있게 되었습니다. 이 새로운 공룡 화석은 1908년 미국자연사박물관에 처음으로 전시되었고, 이때 수많은 사람들이 그 화석을 보러 몰려들었습니다.

8 **추론하기** '어른이 되어서도 바넘 브라운은 남들이 찾지 못한 공룡 화석을 찾아내겠다는 꿈을 품고 시간이 날 때마다 화석을 찾으러 다녔다', '어떤 공룡의 화석일지 궁금하게 여기면서 오랜 시간 동안 공룡의 화석 조각을 모았고, 7년이란 시간에 걸쳐 모은 화석들을 하나하나 맞추었다'라는 부분을 볼 때 바넘 브라운은 매우 부지런하고 끈기 있는 사람이었을 것입니다.

[9~12] 40~41쪽

9 게임하는 것
10 해설 참조
11 ②, ④
12 ①

[13~15] 42~43쪽

13 낮말은 새가 듣고 밤말은 쥐가 듣는다(라는 속담)
14 소리는 차가운 공기 쪽으로 휘는 성질이 있는데 낮에는 하늘 쪽의 공기가 차다
15 낮: ㉠, ㉣ 밤: ㉡, ㉢

9 내용 파악하기 글의 첫 번째 단락과 마지막에 엄마가 하신 말씀을 보면 '나'인 태준이가 가장 좋아하는 일은 '게임하는 것'임을 알 수 있습니다.

10 주장과 근거 나누기 태준이와 엄마의 대화를 살펴서 태준이의 주장과 엄마의 주장을 나누어 보세요. 게임을 더 오래 하고 싶은 태준이는 친구들 이야기를 하며 게임을 하루에 한 시간은 하게 해 달라고 엄마에게 조르지만, 엄마는 30분만 해야 한다고 말합니다.

| 게임을 하루에 30분만 해야 한다. | 태준 /(엄마) |
| 게임을 하루에 한 시간은 해야 한다. | (태준)/ 엄마 |

11 주장과 근거 나누기 엄마의 말 중 '화면을 오래 보면 눈이 피로해져서 금방 눈이 나빠질 수 있어'와 '한 시간 하고 나면 두 시간, 세 시간, 계속 시간을 늘리고 싶어질 거야'에서 왜 태준이가 하루에 게임을 30분만 해야 한다고 엄마가 주장하는지 알 수 있습니다.

12 내용 파악하기 마지막에 엄마가 하신 말씀을 보면 엄마가 태준이에게 정말 바라는 것이 무엇인지 나옵니다. 엄마는 태준이가 전혀 게임을 하지 않거나 공부를 더 열심히 하거나 다른 친구들보다 게임을 더 잘하기를 바라는 게 아니라, 태준이가 '친구들과 많이 뛰어 놀고 운동도 열심히 하기'를 원하십니다.

13 가리키는 말 알기 밑줄 친 '이 말'이 가리키는 것은 앞에 나온 '낮말은 새가 듣고 밤말은 쥐가 듣는다'라는 속담입니다.

14 내용 파악하기 소리는 차가운 공기 쪽으로 휘는 성질이 있기 때문에 낮에는 공기가 차가운 하늘을 나는 새가 소리를 더 잘 들을 수 있습니다.

15 분류하기 '낮'과 '밤'에 해당하는 특징을 나누어 정리해 보세요. '낮'에는 햇빛을 받아 땅이 따뜻해지기 때문에 땅과 가까운 곳은 공기가 따뜻해집니다. 소리는 차가운 공기 쪽으로 휘는 성질이 있으므로, 낮에는 소리가 땅에서 하늘 쪽으로 휩니다. 그와 반대로, '밤'에는 땅이 식으면서 땅 쪽 공기는 차가워지고 하늘은 온기가 남아서 공기가 따뜻합니다. 따라서 소리는 하늘에서 땅 쪽으로 휩니다.

무엇을 읽을까

1과 적응과 활동

상황에 알맞게 행동하기   47쪽

| 1 (바) | 2 (라) | 3 (다) | 4 (가) | 5 (나) | 6 (마) |

01
1 다문화   2 ③
3 베트남 음식: ㉠, ㉢, ㉣
  베트남 전통의상: ㉡
4 ③

① 낱말 이해 두 번째 단락의 내용을 보면 동현이네 부모님처럼 다른 문화에서 자란 사람들이 결혼해서 만든 가정을 '다문화 가정'이라고 한다는 것을 알 수 있습니다.

② 내용 파악 두 번째 단락에 동현이 어머니가 베트남 사람이라고 나옵니다.

③ 내용 파악 세 번째 단락을 보면 쌀국수, 월남쌈, 반미는 베트남 음식이고, 아오자이는 베트남의 전통의상이라는 것을 알 수 있습니다.

④ 적용하기 다문화 가정의 친구들이나 부모님이 나와 외모가 다르고, 한국말이 서툴며, 문화가 달라도 이상하게 생각하거나 놀리고 따돌리는 게 아니라 있는 그대로 받아들이고 이해하려 노력하는 것이 바람직한 태도임을 동현이의 이야기를 읽고 배울 수 있습니다.

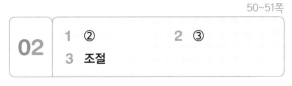

02
1 ②   2 ③
3 조절

① 주제 이해 가정통신문에는 스마트폰을 절대로 사용하지 말라는 게 아니라, 올바르게 사용하기 위해 '스마트폰 이용 약속'을 하자는 내용이 담겨 있습니다.

② 내용 파악 '스마트폰 사용 도우미' 3번 설명에 식사할 때나 대화할 때 스마트폰을 쓰지 말라고 나옵니다.

③ 내용 파악 '스마트폰 사용 도우미' 1번 설명을 보면 스스로 조절할 수 있을 때, 즉 쓰고 싶은 마음을 참을 수 있을 정도로 참을성이 생겼을 때 스마트폰을 사는 것이 좋다고 나옵니다.

03
1 ②   2 (1) × (2) ○ (3) ○
3 (1) 배가 아픈 (2) 구토 (3) 설사
4 ④

① 주제 이해 이 글은 주로 식중독을 예방할 수 있는 여러 방법을 설명하는 글입니다. 글 뒤 쪽에 식중독 증상도 나오지만 주된 내용은 아닙니다.

② 내용 파악 무더운 여름철이 되면 식중독으로 고생하는 사람들이 많다는 내용과 식중독은 음식 속에 있는 해로운 미생물이나 미생물이 만들어 내는 독 때문에 생긴다는 내용이 글의 첫 번째 단락에 나옵니다. 또한, 식중독에 걸려서 구토나 설사를 할 때는 미지근한 보리차나 물을 자주 마셔야 한다는 내용이 글의 마지막 단락에 나옵니다.

(3) **가리키는 말 알기** '㉠이런 증상'이란 식중독에 걸렸을 때의 증상으로, 배가 아프거나 구토 또는 설사를 한다는 내용이 바로 앞에 나옵니다.

(4) **내용 파악** 식중독을 예방하기 위한 두 번째 설명을 보면 음식을 만들 때 칼과 도마를 잘 소독해서 사용해야 하며 육류와 해산물, 채소 등 사용하는 재료에 따라 칼과 도마를 나눠서 사용하는 것이 좋다고 나옵니다.

54~55쪽

<table>
<tr><td rowspan="4">04</td><td>1</td><td>태극기, 달라진다</td><td>2</td><td>②</td></tr>
<tr><td>3</td><td colspan="3">㉠: 깃봉과 깃 면 사이를 떼지 않고
㉡: 깃봉으로부터 깃 면의 세로 너비만큼
내려서</td></tr>
<tr><td>4</td><td colspan="3">(1) ㉠, ㉡, ㉣ (2) ㉢</td></tr>
</table>

(1) **주제 이해** 기념일에 따라 태극기를 다는 방법이 달라진다는 것을 설명하는 글입니다.

(2) **내용 파악** 끝에서 두 번째 단락을 보면 조의(다른 사람의 죽음을 슬퍼하는 것)를 표현하는 날에는 국기를 깃봉으로부터 깃 면의 세로 너비만큼 내려서 달아야 합니다.

(3) **가리키는 말 알기** '㉠이렇게'가 있는 단락을 보면 5대 국경일과 정부가 지정한 날, 그리고 평소에는 깃봉과 깃 면 사이를 떼지 않고 태극기를 단다고 설명하고 있습니다. '㉡그렇게'가 있는 단락을 보면 대통령처럼 국민의 존경을 받는 분이 돌아가시거나 나라를 위해 목숨을 바치신 분들을 기리는 날에는 국기를 깃봉으로부터 깃 면의 세로 너비만큼 내려서 달아야 한다고 설명하고 있습니다.

(4) **분류하기** 3·1절, 광복절, 개천절 등 5대 국경일에는 깃봉과 깃 면의 사이를 떼지 않고 국기를 달며, 나라를 위해 목숨을 바치신 분들을 기리는 현충일에는 국기를 깃봉으로부터 깃 면의 세로 너비만큼 내려서 달아야 합니다.

56~57쪽

<table>
<tr><td rowspan="4">05</td><td>1</td><td>참관수업</td></tr>
<tr><td>2</td><td>(1) 혜진 (2) 현수 (3) 혜진</td></tr>
<tr><td>3</td><td>①</td></tr>
<tr><td>4</td><td>의젓, 대견</td></tr>
</table>

(1) **글감 파악** 혜진이네 학교에서 학부모 참관수업이 있었던 날의 이야기를 쓴 글입니다.

(2) **내용 파악** 혜진이 어머니는 직장 때문에 참관수업에 오지 못하셨습니다. 현수는 교실에 부모님도 계시고 사람들이 많아서 부담스러웠는지 역할극을 할 때 울어버렸지만, 혜진이가 현수 대신 선생님 역할을 맡아 역할극을 잘 마무리했습니다.

(3) **내용 파악** 글의 처음 부분에 1교시를 마치고 쉬는 시간이 되자 부모님들이 교실로 들어오셨다는 내용이 나오므로 참관수업은 2교시였음을 알 수 있습니다.

(4) **내용 파악** 마지막 단락에 수업이 끝나자 부모님들은 부쩍 의젓해진 아이들이 대견해서 머리를 쓰다듬어 주셨다고 나옵니다.

06

1 (1) 편식 (2) 면역력 　**2** 면역력, 감기

3 (1)-㉣ (2)-㉢ (3)-㉠ (4)-㉤ (5)-㉡

4 ③

1 낱말 이해 글의 앞부분에 나오는 '선생님도 어릴 적에는 편식이 심해서 채소는 빼고 고기만 주로 먹었어요'라는 선생님 말씀에서 음식을 골고루 먹지 않고 좋아하는 음식만 먹는 것을 '편식'이라고 한다는 것을 알 수 있습니다. 또한, 몸속에 들어온 세균이나 바이러스에 맞서 싸우는 힘을 '면역력'이라고 한다고 선생님은 설명합니다.

2 원인과 결과 찾기 자기가 좋아하는 음식만 먹으면 면역력이 떨어져서 감기와 같은 병에 쉽게 걸리게 된다고 선생님은 설명합니다.

3 내용 파악 고기는 뼈와 근육을 만들며, 당근은 눈을 보호하고, 콩은 뼈를 튼튼하게 합니다. 양파, 버섯, 마늘은 우리 몸의 면역력을 높이고, 생선은 두뇌를 발달시키는 데 도움이 됩니다.

4 적용하기 이 글을 제대로 이해한 학생은 앞으로 급식 시간에 나오는 생선, 고기, 채소를 가리지 않고 골고루 먹을 것입니다.

07
도전!
긴 지문
읽기

1 높임말 　**2** 예사말

3 높임말: 말씀, 성함, 주시다
예사말: 생일, 오다, 나

4 (1)-㉢ (2)-㉠ (3)-㉡

5 (1) 우리나라 (2) 생신
(3) 저희 (4) 웃으시며

1 주제 이해 이 글은 높임말을 올바르게 사용하는 방법을 알려 주기 위한 글입니다.

2 낱말 이해 친구들 사이에서 쓰는 높임의 뜻이 없는 말을 '예사말'이라고 한다는 설명이 첫 번째 단락에 나옵니다.

3 분류하기 '말씀', '성함', '주시다'는 높임말이며, '생일', '오다', '나'는 예사말입니다.

4 내용 파악 '연세'는 말 자체에 높임의 뜻이 있는 말이며, '저희'는 자기 자신을 낮추어 상대방을 높이는 말이고, '오시다'는 행동을 표현하는 단어에 '시'를 넣은 높임말입니다.

5 적용하기 우리나라를 가리킬 때는 낮추는 표현을 쓰지 않기 때문에 '저희나라'를 '우리나라'로 써야 합니다. 아빠는 어른이니까 '생일'을 '생신'으로, 어른인 아빠에게 하는 말이니 '우리'를 '저희'로, 아빠가 하신 행동이니까 '웃으며'를 '웃으시며'로 고칩니다.

바른 인성

바람직하게 행동하기   65쪽

| 1 ㉠ | 2 ㉡ | 3 ㉡ | 4 ㉠ |

66~67쪽

01

| 1 ① | 2 ③ |
| 3 ④ | 4 ② |

① **내용 파악**   처음에 당나귀는 장사꾼이 잡아끌자 발이 미끄러져서 시냇물에 빠졌습니다. 당나귀가 꾀를 부리면서 일부러 물에 빠진 것은 그 다음부터입니다.

② **내용 파악**   〈다〉 앞에는 물에 빠졌더니 등의 짐이 가벼워져서 당나귀가 놀랐다는 내용이 나오고 〈다〉 뒤에 그 이후부터 당나귀가 꾀를 내어 일부러 시냇물에 빠졌다는 내용이 나옵니다. 이것으로 볼 때, 물에 빠졌다가 나오니 짐이 가벼워진다는 사실을 깨닫는 내용은 〈다〉에 나오는 것이 가장 알맞습니다.

③ **내용 파악**   우연히 물에 빠졌다가 등의 짐이 가벼워진 경험을 한 뒤부터, 당나귀는 짐을 가볍게 만들고 싶으면 일부러 시냇물에 빠졌습니다.

④ **주제 이해**   이 글은 당나귀의 이야기를 통해 잘못된 꾀를 부리지 말고 성실하게 일해야 한다는 것을 말하고 있습니다.

68~69쪽

02

| 1 ② |
| 2 (1) ㉠, ㉢, ㉚ (2) ㉡, ㉣, ㉙ |
| 3 ④ |

① **원인과 결과 찾기**   지은이네 반에서 거친 말을 쓰는 아이들 때문에 다툼이 자주 일어나자 선생님은 말에도 힘이 있다고 하시며 실험을 해 보자고 말씀하셨습니다. 따라서 말이 가진 힘을 알아보려고 두 가지 실험을 했음을 알 수 있습니다.

② **분류하기**   '고마워요'나 '사랑해요'와 관련 있는 것은 뽀얀 곰팡이, 구수한 냄새, 건강하게 잘 자란 하얀 뿌리입니다. '미워'나 '싫어'와 관련 있는 것은 썩은 냄새, 시커먼 곰팡이, 잘 자라지 못하고 썩은 뿌리입니다.

③ **주제 이해**   선생님은 실험을 통해 학생들이 말에 힘이 있다는 사실을 깨닫고, 서로서로 칭찬하는 말과 기분 좋은 말을 쓰기를 바라셨을 것입니다.

70~71쪽

03

| 1 ③ | 2 ② |
| 3 ② | 4 ④ |

① **내용 파악**   글짓기 대회에서 상을 받고 싶었던 민주는 인터넷에서 마음에 드는 글을 찾아 그대로 베껴 썼습니다.

② **원인과 결과 찾기**   대회에서 막상 자기 글이 일등으로 뽑히자 민주는 마치 도둑질을 한 것처럼 불안해서 가슴이 콩닥콩닥 뛰었습니다.

③ 추론하기 '선생님께서 글을 읽으시는 동안 민주는 마치 도둑질을 한 것처럼 가슴이 콩닥콩닥 뛰었습니다. 대회에서 상만 받으면 기쁠 줄 알았는데, 왜 이렇게 마음이 불안한지 알 수가 없었습니다'에서 이미 민주는 마음이 불편하고 불안한 상태였습니다. 그런데 친구가 자신의 글과 똑같은 글을 인터넷에서 보았다고 하자 부끄러워서 얼굴이 빨개졌을 것입니다.

④ 적용하기 이 글을 통해 우리는 누구나 볼 수 있는 인터넷의 글이라도 주인이 있기 때문에 함부로 베껴 쓰면 안 된다는 것을 깨달을 수 있습니다.

04	**1**	**온기**
	2	**(1) 고민 (2) 주소 (3) 온기우편함** **(4) 온기우체부**
	3	**③**

① 글감 파악 이 글은 온기우편함에 관해 알려 주는 글입니다.

② 내용 파악 온기우편함은 다음처럼 이용합니다. 먼저 편지지에 고민을 적은 후, 답장을 받을 주소를 봉투에 적습니다. 편지를 온기우편함에 넣고 1~2주 기다리면 온기우체부가 전해 주는 답장을 받을 수 있습니다.

③ 추론하기 온기우편함을 본 글쓴이는 반에 온기우편함을 만들어 친구들끼리 서로 고민을 나누고 도와주면 좋겠다는 생각을 했습니다. 온기우편함을 만들었을 때 예상되는 좋은 점으로 '서로 마음이 맞는 친구끼리만 어울리게 된다'라는 ③번 내용은 알맞지 않습니다.

| **05** | **1** | **④** | **2** | **③** |
| | **3** | **당당, 자신감** | | |

① 내용 파악 2학년 여학생은 메일에서 요즘 자기 자신이 너무 뚱뚱하고 못생겨 보여서 슬프다는 고민을 털어놓고 있습니다.

② 내용 파악 텔레비전에 나오는 연예인이나 모델처럼 무조건 마르고 날씬해야만 아름다운 것이 아니라, 당당하고 자신감 있는 모습이 아름다운 모습이라고 선생님은 이야기합니다.

③ 주제 이해 '당당하고 자신감 있는 모습보다 더 빛나는 아름다움은 없어요'라는 조언에서 선생님이 하고 싶어 하는 말이 무엇인지 알 수 있습니다.

| **06**
도전!
긴 지문
읽기 | **1** | **③** | **2** | **③** | **3** | **부리** |
| | **4** | **④** | **5** | **②** | | |

① 내용 파악 첫 번째 단락을 보면, 친구를 사귀고 싶었던 여우는 이웃에 사는 두루미를 점심 식사에 초대했다는 내용이 나옵니다.

② 내용 파악 여우와 두루미는 서로를 집에 초대했지만 알맞은 그릇에 음식을 담아 주지 않았기 때문에 음식을 먹지 못했습니다. 결국, 여우와 두루미는 친한 친구가 되지 못했으리라는 것을 알 수 있습니다.

③ 원인과 결과 찾기 두루미는 긴 부리 때문에 여우가 납작한 접시에 준 수프를 먹지 못했습니다.

④ 내용 파악 여우와 두루미가 친해지기 위해서는 서로 음식을 먹는 데 불편함이 없도록 여우에게는 납작한 접시, 두루미에게는 긴 병에 음식을 담아 주었어야 했을 것입니다. 이러한 모습을 담은 그림을 고르면 됩니다.

⑤ 추론하기 긴 부리 때문에 목이 긴 병에 음식을 담아야 잘 먹을 수 있는 두루미를 생각하지 않고 자기에게 편한 납작한 접시에 음식을 내놓은 여우의 모습을 보면, 여우는 평소 남을 배려하는 마음이 부족하여 친구가 별로 없었다는 것을 짐작할 수 있습니다.

3과 사회와 생활

배경지식 확인하기   81쪽

1 ③	2 ②

     82~83쪽

01	1 ③ 2 ④
	3 (1) ○ (2) ✕ (3) ○ (4) ✕

① 주제 이해 이 글은 유괴범이 어떤 방식으로 어린이를 유괴하고 어떻게 유괴를 예방할 수 있는지 알려 주는 데에 목적이 있습니다.

② 내용 파악 유괴범이 모두 험상궂게 생긴 남자인 것은 아닙니다. 예쁜 여자 어른이나 교복을 입은 학생도 유괴범일 수 있다고 두 번째 단락에 나옵니다.

③ 내용 파악 낯선 사람이 이름이나 연락처, 주소를 물어보면 절대로 알려 주지 말고, 가방이나 신주머니에 이름을 쓸 때도 잘 보이지 않는 안쪽에 써야 합니다. 누가 나를 억지로 끌고 가려고 할 때, 사람이 없는 곳에서 도와 달라고 크게 소리를 지르면 오히려 위험해질 수 있으니 그럴 때는 식당이나 세탁소와 같은 가게에 뛰어들어가서 어른에게 도움을 구하는 것이 좋습니다.

     84~85쪽

02	1 한빛예술단	2 ③
	3 ②	4 장애, 극복

① 내용 파악 단원의 대부분이 시각장애인인 연주단의 이름은 한빛예술단입니다.

② 원인과 결과 찾기 시각장애 학생들은 손으로 만지는 점자 악보로 음악을 익혀야 했기 때문에, 한 곡을 익히는 데 두세 달 넘게 오랜 시간이 걸렸습니다.

③ 내용 파악 한빛예술단은 정상급 오케스트라와 함께 연주해도 될 만큼 훌륭한 실력을 갖추었다는 평가를 받았습니다.

④ 원인과 결과 찾기 한빛예술단의 연주는 '장애로 인한 어려움을 극복하고 만들어 내는 음악'이었기 때문에 많은 사람에게 희망을 줄 수 있었습니다.

86~87쪽

03	1 명절	2 부럼
	3 (1) 세배 (2) 떡국 (3) 정월 대보름	
	(4) 호두 (5) 15 (6) 한가위	
	(7) 송편(또는 솔떡)	

① **글감 파악** 우리나라의 대표적인 명절을 조사해서 발표한 글입니다.

② **낱말 이해** 정월 대보름 아침에 땅콩이나 호두처럼 껍질이 단단한 열매를 깨물어 먹는 것을 '부럼 까기'라고 한다는 것이 혜진이의 발표에 나옵니다. 일 년간 별일 없이 건강하게 지내고, 피부에도 부스럼이 나지 않기를 바라는 마음을 담아서 부럼 까기를 합니다.

③ **내용 파악** 각 명절에 관한 발표 내용을 보고 빈칸에 알맞은 말을 찾아서 쓰세요. 먼저, 음력 1월 1일인 설날에는 어른들께 큰절로 세배를 하고, 아침에 떡국을 먹습니다. '정월 대보름'은 음력 1월 15일로 아침에 땅콩이나 호두를 먹습니다. 추석은 음력 8월 15일로 '한가위'라고도 부르며, 솔잎을 밑에 깔고 찐 송편(솔떡)을 나눠 먹습니다.

88~89쪽

04	1 ③	2 ④
	3 생각, 개발	4 ④

① **가리키는 말 알기** '㉠이것' 바로 앞 문장을 보면 아트 프라이가 동료였던 스펜서 실버가 만든 접착제를 떠올렸다는 내용이 나옵니다. 그러므로 '㉠이것'은 '실버가 만든 접착제'를 가리킨다는 것을 알 수 있습니다.

② **내용 파악** 아트 프라이는 찬송가 책에 끼워 둔 종이가 자꾸 빠지는 것이 불편해서 포스트잇을 개발했습니다.

③ **주제 이해** 마지막 단락에 우리 주변에는 포스트잇처럼 '생각'을 바꾸면 생활에 도움이 되는 것으로 '개발'할 수 있는 물건이나 아이디어가 있으니 그런 것들을 찾아보자고 나옵니다.

④ **적용하기** 남들은 쓸모없다고 여긴 잘 떨어지는 접착제를 사용해 포스트잇을 개발한 것처럼, 우리도 생활 속에서 쓸모없다고 여겨지는 것을 이용할 방법이 없는지 다시 한번 생각해 보는 것이 바람직합니다.

90~91쪽

05	1 지진	2 ②
	3 (1) 공간 (2) 고정 (3) 수리 (4) 비상식량	

① **주제 이해** 지진이 일어났을 때의 대피 방법과 평소 지진 대비 방법을 설명하는 글입니다. 빈칸에 공통으로 들어갈 단어는 '지진'입니다.

② **내용 파악** 지진으로 땅이 흔들릴 때 무조건 밖으로 대피하지 말고, 먼저 책상이나 큰 탁자 밑처럼 몸을 보호할 수 있는 곳에 들어가 흔들림이 멈추기를 기다려야 합니다.

③ **내용 파악** 가정에서 어떻게 지진에 대비해야 하는지는 글의 '첫째~넷째'로 시작하는 설명을 참고하세요. 안전한 대피 공간을 미리 파악해 두고, 물건이 넘어지지 않도록 잘 고정해 둡니다. 건물은 미리 수리하고, 비상식량과 비상용품도 미리 준비해 두어야 합니다.

92~93쪽

06

1 ②   2 ①

3 (1) (고대) 그리스 (2) 미국 (3) 중국

4 역사, 문화

94~96쪽

07
도전!
긴 지문
읽기

1 국기   2 ④   3 유니언 잭

4 (1) 피 (2) 독립

5 (1)–(ㄴ) (2)–(ㄷ) (3)–(ㄱ)

1 원인과 결과 찾기 글의 첫 번째 단락에 우리나라 사람들은 숫자 4가 한자의 죽을 '사(死)자'와 발음이 같기 때문에 불길하게 여기는 경우가 많다는 내용이 나옵니다. 건물의 4층을 F층으로 표시하기도 하는 게 바로 이런 이유 때문일 것입니다.

2 내용 파악 ㉠과 ㉡의 앞뒤 내용을 보면 어떤 숫자를 좋아하는 나라와 싫어하는 나라가 함께 소개되어 있습니다. 앞과 대조되는 내용이 연결되어야 하므로 ㉠과 ㉡ 안에 들어갈 알맞은 말은 '하지만'입니다.

3 내용 파악 (고대) 그리스에서는 4를 신비한 수라고 생각했으며, 미국에서는 6을 나쁜 수, 7을 행운의 수로 여겼습니다. 중국에서는 6을 행운의 수라고 여겨 좋아하고, 돈과 연관되는 단어와 발음이 비슷한 8도 좋아합니다.

4 내용 파악 나라마다 좋아하는 숫자가 다른 까닭은 '각 나라의 역사와 문화가 다르기 때문'이라고 마지막 단락에서 설명하고 있습니다.

1 주제 이해 세계 여러 나라 국기에 담긴 의미를 설명하는 글입니다.

2 내용 파악 프랑스의 삼색기는 유럽 여러 나라에게 많은 영향을 끼쳤습니다. 그러나 그 나라들이 국기를 프랑스와 똑같이 만들지는 않았습니다.

3 내용 파악 〈영국의 지배를 받은 나라의 국기〉 부분을 살펴보면, 영국의 지배를 받은 나라 중에는 국기에 영국 국기인 '유니언 잭'이 들어간 나라가 있다는 내용이 나옵니다.

4 내용 파악 〈독립운동의 흔적이 남아 있는 국기〉 부분을 살펴보면, 칠레와 카메룬의 국기에는 '피'를 상징하는 빨간색과 '독립'을 상징하는 별이 공통으로 들어 있다는 내용이 나옵니다.

5 내용 파악 세계 여러 나라의 국기와 그 특징을 연결하는 문제입니다. 아르헨티나와 칠레의 국기에는 독립운동의 흔적이 나타나 있고, 호주와 뉴질랜드의 국기에는 영국의 지배를 받은 흔적이 있습니다. 이탈리아와 프랑스는 국기를 삼색으로 표현했습니다.

4과 본받고 싶은 인물

배경지식 확인하기   99쪽

1 세종(대왕)	2 제인 구달

100~101쪽

01

1 ②	2 ③
3 정신력, 체력	4 ①

1 가리키는 말 알기   평발인 사람은 오래 걷거나 달릴 때 보통 사람보다 더 많은 피로감과 통증을 느끼므로, 축구 선수가 평발이면 큰 약점을 안고 있는 것입니다. 이러한 점에 비추어 볼 때 '㉠이 사실'이 가리키는 내용은 '자기 가 평발이라는 것'임을 알 수 있습니다.

2 내용 파악   '도전이 없으면 더 큰 성공도 없다. 쓰러질 지언정 무릎은 꿇지 않는다'라는 일기의 말은, 마지막 단락의 내용을 보면 어떠한 어려움이 있더라도 포기하 지 말고 꿋꿋하게 맞서서 이겨 내야 한다는 것을 뜻함 을 알 수 있습니다.

3 내용 파악   세계적으로 유명한 축구팀인 맨체스터 유 나이티드에 한국인으로는 처음으로 박지성이 들어갈 수 있었던 것은 자신의 약점을 이겨 낸 '강한 정신력'과 경기장에서 보여 준 '지칠 줄 모르는 체력' 덕분이었습 니다.

4 추론하기   평발이라는 신체적 약점 때문에 축구를 잘 하기 힘들다고 변명하거나 포기하지 않고 열심히 노력 한 박지성을 의지가 약한 사람이라고 볼 수 없습니다.

102~103쪽

02

1 침팬지	2 ④
3 (1) 도구 (2) 유대감 (3) 사회생활	
4 ③	

1 내용 파악   야생 침팬지와 40년이 넘는 기간을 함께 생활하며 침팬지를 연구한 제인 구달은 '침팬지의 어 머니'로 불립니다.

2 내용 파악   제인은 암탉이 알을 낳는 모습을 관찰하기 위해 닭장에 몰래 들어가 있었습니다.

3 내용 파악   제인 구달이 침팬지를 연구하면서 새롭게 발견한 것은 침팬지가 인간처럼 도구를 사용한다는 사 실과, 침팬지가 가족 간의 유대감이 깊고 사회생활을 한 다는 사실입니다.

4 내용 파악   어린 시절 이야기와 '어려서부터 아프리카 로 가서 동물과 함께 사는 삶을 꿈꾸었던~'에서 제인 구 달은 호기심이 많고 동물을 좋아한 소녀였다는 사실을 알 수 있습니다. 어른이 된 제인은 1960년 탄자니아의 곰베라는 지역에 가서 침팬지 연구를 시작했습니다. 제 인은 침팬지 연구의 권위자가 되었으며, 야생동물 보호 및 환경 보호 운동에도 열심히 참여하고 있습니다. 동물 에 관심이 많았지만 수의사가 되었다는 내용은 없으므 로 ③번이 정답입니다.

159

104~105쪽

03

1 ①
2 사람들의 일상적인 생활 모습
3 재능, 노력
4 ④

① **내용 파악** 사람들에게 가장 많이 알려진 김홍도의 그림은 풍속화입니다. 그러므로 '풍속화를 그리지 않았다'라는 ①번은 잘못된 내용입니다.

② **낱말 이해** 두 번째 단락에 풍속화는 '사람들의 일상적인 생활 모습을 그린 그림'이라는 설명이 나옵니다.

③ **내용 파악** 마지막 단락에 김홍도는 뛰어난 재능을 타고났으며 노력까지 게을리하지 않았다는 내용이 나옵니다. 결국, 김홍도는 '재능'과 '노력' 덕에 성공할 수 있었음을 알 수 있습니다.

④ **내용 파악** 〈씨름〉이라는 그림에는 관중이나 씨름하는 사람들이 모두 실내가 아니라 바깥에 있다고 설명되어 있습니다.

106~107쪽

04

1 한자   2 ③
3 백성을 가르치는 바른 소리
4 세종대왕, 훈민정음, 반포일, 원리

① **원인과 결과 찾기** 첫 번째 단락을 보면 큰길에 새로운 법을 알리는 종이가 붙었지만, 백성들이 한자를 읽지 못해 그 내용을 알지 못했다고 나옵니다.

② **내용 파악** 한자는 우리말을 정확하게 표현하기도 어렵고 글자 수도 너무 많아서 백성들이 배우기 어려웠습니다.

③ **낱말 이해** 훈민정음은 '백성을 가르치는 바른 소리'라는 뜻입니다.

④ **내용 파악** 마지막 단락에 세종대왕이 만든 훈민정음은 세계의 문자 가운데 유일하게 그것을 만든 사람과 반포일을 알며, 글자를 만든 원리까지 알려져 있다는 내용이 나옵니다.

108~110쪽

05
도전!
긴 지문
읽기

1 ②
2 (1) 위생 관리 (2) 영양 공급 (3) 심리적 안정
3 (1) ○ (2) ○ (3) ✕
4 (1) 위생 (2) 물 (3) 더러운
　 (4) 전염병 (5) 줄어듦
5 간호사

① **내용 파악** 예은이가 간호사 선서를 왜 '나이팅게일 선서'라고 하는지 묻자, 어머니는 지금의 간호학 체계를 만든 사람으로 평가받는 나이팅게일을 기리기 위함이라고 대답합니다.

② **내용 파악** 나이팅게일은 철저한 위생 관리, 충분한 영양 공급, 환자의 심리적 안정을 중요하게 여겼습니다.

③ **내용 파악** 나이팅게일은 〈간호론〉이라는 책을 쓰고, 간호사를 체계적으로 교육할 수 있는 간호학교를 세웠습니다. 또한, 병원 환경을 깨끗하게 바꾸어 나간 덕분에 죽는 환자 수를 크게 줄일 수 있었습니다.

④ 원인과 결과 찾기 옛날에는 병원 안에 쥐가 돌아다닐 정도로 위생 상태가 엉망이었고, 마시는 물도 오염되어 있었으며, 옷과 침구들도 더러웠습니다. 이러한 이유 때문에 환자들이 병균에 감염되거나 전염병에 걸려서 죽기도 했습니다. 하지만 병원 환경을 깨끗하게 바꾸려는 나이팅게일의 노력 끝에 죽는 환자의 수가 크게 줄어드는 기적이 일어났습니다.

⑤ 내용 파악 마지막 단락에 예은이가 선서식을 마친 사촌 언니를 보면서 언니도 나이팅게일처럼 많은 사람들의 생명을 구하는 멋진 간호사가 되었으면 좋겠다고 생각하는 내용이 나옵니다.

③ 내용 파악 할미새는 아프리카들소의 등 가죽에 붙은 벌레를 먹고, 들소의 적이 나타나면 날카로운 소리로 울며 날개를 퍼덕이거나 부리로 들소의 머리를 두드려서 들소가 달아날 수 있도록 도와줍니다. 망을 보다가 짝꿍에게 꼬리를 흔들어 경고하는 것은 망둥이입니다.

④ 내용 파악 글의 마지막 단락에 꿀잡이새와 벌꿀오소리에 관한 설명이 나옵니다. 벌집의 위치를 잘 찾는 꿀잡이새가 신호를 보내면 벌침에도 끄떡없는 벌꿀오소리가 달려와 힘센 앞발로 벌집을 부수고 맛있게 꿀을 먹습니다.

5과 동물과 식물

배경지식 확인하기   113쪽

1 〈나〉	2 〈가〉

     114~115쪽

01	1 ③	2 (1)-(ㄴ) (2)-(ㄱ) (3)-(ㄷ)
	3 ①	4 벌집, 꿀잡이새, 벌침

① 글감 파악 서로 도우면서 사이좋게 지내는 동물들에 관한 글입니다.

② 내용 파악 글에는 서로 돕는 세 쌍의 동물이 소개되었는데, 그 동물들은 아프리카들소와 할미새, 망둥이와 장님새우, 꿀잡이새와 벌꿀오소리입니다.

     116~117쪽

02	1 식충	2 ①
	3 (1)-(ㄴ) (2)-(ㄷ) (3)-(ㄱ)	4 ㉢, ㉡, ㉣, ㉠

① 낱말 이해 특별한 기관을 사용해 곤충과 같은 작은 동물을 잡아먹어서 양분을 얻는 식물을 '식충식물'이라고 합니다.

② 내용 파악 식충식물은 '먹이를 잡는 방법'에 따라 세 종류로 나눕니다.

③ 내용 파악 벌레잡이통풀은 주머니 모양의 기관, 파리지옥풀은 열리고 닫히는 잎, 끈끈이주걱은 잎에서 나오는 끈적끈적한 액체를 이용해서 먹이를 잡아먹습니다.

④ 내용 파악 ⓒ벌레잡이통풀이 달콤한 냄새로 곤충을 끌어들입니다. ⓛ냄새를 맡은 곤충들이 와서 통의 입구 가장자리에 있는 꿀을 빨아 먹다가 ⓠ미끄러져 미끈미 끈한 액체가 가득 차 있는 통 속으로 빠집니다. ㉠통에 빠진 곤충은 허우적거리다가 통 속의 액체 때문에 서서 히 녹아 벌레잡이통풀의 영양분이 됩니다.

118~119쪽

03	1	④
	2	(1) ○ (2) × (3) × (4) ○
	3	(1) **치료견** (2) **탐지견**
		(3) **시각장애인 안내견** (4) **구조견**

① 주제 이해 구조견 거루의 이야기가 자세히 나오기는 하지만, 거루 이야기는 다양해진 개의 역할에 관한 예 로 소개된 것입니다.

② 내용 파악 거루는 용인의 교통사고 현장에서 생존자 를 찾아내서 유명해진 국내(우리나라) 1호 구조견으로, 활발한 활동을 펼쳤습니다. 거루는 화재 현장에서 구조 대원을 구하다가 안타깝게 죽은 구조견이지, 치료견이 나 탐지견은 아니었습니다.

③ 분류하기 개의 역할에 따라 환자의 치료를 돕는 치료 견, 공항에서 위험한 물건을 찾아내는 탐지견, 시각장애 인을 안내하는 시각장애인 안내견, 사고 현장에서 부상 자를 찾아내는 구조견을 사진 밑에 알맞게 적어 보세요.

120~121쪽

04	1	④	2	(1) **공생** (2) **천적**
	3	**해설 참조**	4	④

① 원인과 결과 찾기 진딧물은 소화가 덜 된 식물의 진액을 단맛이 나는 배설물로 배출합니다. 개미는 진딧물이 배 출하는 이 단물을 좋아하기 때문에, 단물을 계속 얻으 려고 진딧물을 적으로부터 지켜 줍니다.

② 낱말 이해 개미와 진딧물처럼 서로 도와주는 관계를 '공생'이라고 부르며, 진딧물과 무당벌레처럼 한쪽이 다른 쪽을 일방적으로 잡아먹거나 괴롭히는 관계를 '천 적'이라고 합니다.

③ 내용 파악 진딧물과 개미는 서로 도움을 주고받으므 로 '공생' 관계이고, 무당벌레는 일방적으로 진딧물을 잡아먹으므로 진딧물에게 무당벌레는 '천적'입니다.

진딧물

천	적

공	생

무당벌레　　　　　　개미

④ 추론하기 진딧물은 식물을 병들게 합니다. 그러므 로 식물은 진딧물을 잡아먹는 무당벌레가 고마울 것 입니다.

정답과 해설

05 도전! 긴 지문 읽기	1 나이테	2 세포
	3 ③	4 나이, 환경
	5 해설 참조	

1 낱말 이해 나무를 가로로 잘랐을 때 여러 겹으로 나타나는 둥근 모양을 '나이테'라고 합니다. 이에 관한 설명은 글의 첫 번째 문장에 나옵니다.

2 내용 파악 나무줄기 속의 부름켜에서 '세포'가 계속 쪼개져서 세포 수가 늘어남에 따라 나무줄기가 점점 굵어진다는 내용을 두 번째 단락에서 찾을 수 있습니다.

3 내용 파악 세 번째 단락을 보면 일 년 내내 햇볕과 물이 충분한 열대 지방의 나무는 계절에 따라 자라는 환경이 크게 달라지는 지역의 나무들과 비교하면 나이테가 뚜렷하게 보이지 않는다고 했지, 없다고 하지 않았습니다.

4 내용 파악 나이테는 한 해에 한 개씩 생기기 때문에 나이테의 개수로 나무의 '나이'를 알 수 있고, 나이테의 폭을 통해 나무가 자란 '환경'을 알 수 있습니다.

5 내용 파악 두 번째 단락을 보면, 비가 많이 오고 햇볕을 충분히 받는 여름에는 부름켜 안의 세포가 빨리 잘 자라고, 세포벽의 색이 밝아서 이 기간에 자란 부분은 밝은색으로 보인다고 합니다. 하지만 햇볕과 물이 부족해지는 가을과 겨울에는 세포의 자라는 속도가 느려지고, 세포벽 색도 어두워서 이 기간에 자란 부분은 어두운색으로 보인다고 나옵니다. 따라서 (1)의 ㉠은 '여름

철의 나이테'이고 ㉡은 '겨울철의 나이테'라는 것을 알 수 있습니다. 또한, 네 번째 단락을 보면 햇볕과 물이 충분해서 나무가 잘 자란 해에는 나이테의 폭이 넓고, 그렇지 못한 해에는 나이테의 폭이 좁다는 설명이 나옵니다. 따라서 (2)의 폭이 좁은 곳을 가리키는 ㉠은 '잘 자라지 못한 해의 나이테', 폭이 넓은 ㉡은 '잘 자란 해의 나이테'임을 알 수 있습니다.

(1)
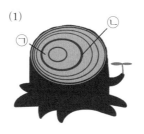

(2)
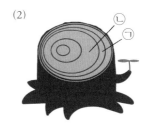

- 여름철의 나이테 (㉠)
- 겨울철의 나이테 (㉡)

- 잘 자란 해의 (㉡) 나이테
- 잘 자라지 못한 (㉠) 해의 나이테

6과 자연과 환경

배경지식 확인하기   127쪽

〈가로〉 ① 분류 ② 종이 ③ 풍력 발전 ④ 재활용
〈세로〉 ❶ 분해 ❷ 개발 ❸ 멸종 ❹ 반딧불이

128~129쪽

01
1 ②
2 (1) ㄹ (2) ㄴ (3) ㄷ (4) ㄱ
3 주장: 분류 / 근거: 자원, 환경 오염

① 주제 이해   쓰레기를 분류하여 버리는 올바른 방법을 소개하는 글입니다.

② 적용하기   휴짓조각은 일반 쓰레기, 종이로 만든 신문지는 종이류, 유리그릇은 유리류, 플라스틱 컵은 플라스틱류로 분류해서 버려야 합니다.

③ 주장과 근거 나누기   선생님은 쓰레기를 분류해서 버려야 한다고 주장하면서 그렇게 하면 자원을 아끼고 환경 오염을 줄일 수 있다는 근거를 듭니다.

130~131쪽

02
1 갯벌 생태   2 ④
3 ①
4 (1) 오염 물질 (2) 분해 (3) 개발

① 내용 파악   일기의 제목이 '재미있는 갯벌 생태 체험'이고, 첫 번째 문장을 보면 글쓴이는 가족과 갯벌 생태 체험을 했다고 나옵니다.

② 내용 파악   두 번째 단락을 보면 갯벌에 사는 생물로 조개, 갯지렁이, 망둥이, 작은 게가 소개되어 있습니다. 오징어는 글에 나오지 않습니다.

③ 내용 파악   네 번째 단락에 개발로 인해 소중한 갯벌이 점점 사라지고 있다는 내용이 나옵니다.

④ 내용 파악   갯벌에 사는 많은 생물은 오염 물질을 분해해서 바닷물을 깨끗하게 만들어 주는데, 사람들이 갯벌에 공장을 짓거나 관광지로 개발하면서 갯벌이 점점 사라지고 있습니다.

132~133쪽

03
1 무지개   2 ③
3 공기, 오염

① 글감 파악   무지개가 생기는 원리, 무지개의 색을 몇 가지로 세는지 등 무지개를 자세히 설명하는 글입니다.

② 내용 파악   무지개는 물방울과 빛에 의해 생기는 현상으로, 빛이 빗방울이나 구름 속 물방울을 지날 때 여러 가지 색깔로 갈라져서 보이는 것을 말합니다. 옛날 사람들은 이 신비로운 무지개가 신이 만든 것이라고 믿었습니다. 세 번째 단락을 보면 나라와 지역에 따라 무지개 색의 개수를 조금씩 다르게 센다는 사실을 알 수 있습니다. 영국이나 미국에서는 남색을 제외한 여섯 가지 색으로, 멕시코 마야족은 다섯 가지 색으로 표현하기도 합니다.

③ 원인과 결과 찾기   마지막 단락에 큰 도시에서 무지개를 보기 힘들어지는 것은 공기 중에 가득한 미세먼지 등 여러 오염 물질 때문이라는 이유가 나옵니다.

04	1 반딧불이	2 (1) 수컷 (2) 암컷
	3 ㉢, ㉠, ㉣	4 ①

134~135쪽

1 글감 파악 이 글은 반딧불이를 설명하는 글입니다.

2 내용 파악 글의 두 번째 단락에 반딧불이가 반짝이는 모습을 보면 암컷과 수컷을 구별할 수 있는데, 배에 반짝이는 줄이 한 줄이면 암컷이고 두 줄이면 수컷이라는 내용이 나옵니다.

3 내용 파악 반딧불이의 한살이를 파악하는 문제입니다. ㉢암컷 반딧불이가 이끼나 나무뿌리에 알을 낳으면 ㉢애벌레가 깨끗한 물속에서 열 달을 지낸 후 땅으로 나와서 번데기가 됩니다. ㉠번데기가 껍질을 벗고 날개를 달면 반딧불이가 되는데, ㉣풀 위로 올라온 반딧불이는 짝을 찾으러 돌아다니며 14일 동안 삽니다.

4 내용 파악 요즘은 자연 파괴 때문에 반딧불이를 찾아보기 힘들어지고 있습니다. 그래서 우리나라는 반딧불이와 함께 반딧불이가 제일 많이 사는 지역을 천연기념물로 정해 반딧불이 보호에 힘을 쏟고 있습니다.

136~137쪽

05	1 풍력 발전기	2 바람, 전기
	3 (1) 바람, 세게 (2) 친환경, 싸다	
	4 ③	

1 내용 파악 수민이가 본 대관령 초원 위의 하얀 바람개비는 풍력 발전기입니다.

2 낱말 이해 '풍력 발전'은 바람의 힘을 전기 에너지로 바꾸는 것입니다.

3 내용 파악 풍력 발전기는 '바람이 세게 부는' 산지나 해변, 섬 같은 곳에 주로 설치하고, '친환경적이며 유지비가 싸다'는 장점이 있습니다.

4 내용 파악 '공기 오염이 점점 심각해져서 요즘은 석탄과 같은 화석 연료로 전기를 만드는 방식을 대신할 친환경 발전 방식을 많이 연구하고 있다'라는 내용에서 화석 연료를 이용한 방식은 친환경 발전 방식이 아님을 알 수 있습니다.

138~139쪽

06	1 멸종 위기
	2 (1) 웅담 (2) 털가죽 (3) 강 (4) 환경
	3 ①
	4 ③

1 글감 파악 이 글은 우리나라의 멸종 위기 동물을 소개하고, 멸종 원인을 설명하고 있습니다.

2 원인과 결과 찾기 반달가슴곰은 웅담을 얻기 위한 불법 사냥과 산과 숲의 파괴로, 수달은 털가죽을 얻기 위한 마구잡이식 포획과 강의 오염으로 그 수가 빠르게 줄고 있습니다. 또한 붉은 박쥐와 산양도 환경 파괴로 살 곳을 잃으면서 수가 줄고 있습니다.

3 내용 파악 한국 늑대는 멸종 위기 동물이 아니라 이미 멸종된 동물이라고 글의 마지막 단락에 나옵니다.

④ 적용하기 멸종 위기 동물을 보호하기 위해서 그러한 동물들을 동물원에서 보호해야 한다는 내용은 글에 나오지 않습니다. 멸종 위기 동물을 모두 받아들일 수 있는 동물원도 없을 뿐 아니라, 무엇보다 동물들을 억지로 가두는 것이 과연 좋은 방법일지도 생각해 봐야 합니다.

⑤ 내용 파악 물의 여행 과정을 순서대로 나열하는 문제입니다. 먼저 ㉠널어 놓은 빨래에 햇빛이 비추면 ㉡점점 따뜻해지면서 빨래 속에 있던 물방울은 무게가 가벼워지고, 공기 중에 떠다니는 수증기가 됩니다. 이 수증기가 바람을 타고 하늘로 올라가면 차가운 공기 때문에 아주 작은 물방울로 변하는데, ㉣이러한 물방울이 서로 달라붙어서 구름이 되었다가 ㉢구름이 무거워지면 빗방울이 되어 땅으로 뚝뚝 떨어집니다.

140~142쪽

07 도전! 긴 지문 읽기	1 물 2 수증기
	3 수증기, 공기, 물방울, 물방울
	4 물방울, 무거워진
	5 ㉡, ㉣, ㉢

① 내용 파악 물이 수증기가 되고 구름이 되며 비가 되어 땅에 내리고, 다시 수증기로 변하는 과정을 설명하는 글입니다. 따라서 이 글의 제목은 '모습이 바뀌는 물의 여행'이라고 짓는 것이 알맞습니다.

② 낱말 이해 햇볕을 받아 따뜻해진 물방울이 무게가 가벼워져서 공기 중에 떠다니는 것을 '수증기'라고 합니다.

③ 내용 파악 구름이 만들어지는 과정을 간단히 설명하면 다음과 같습니다. 온도가 높아지면 공기 중의 물방울은 수증기로 변합니다. 수증기가 하늘로 올라가 찬 공기를 만나면 식어서 작은 물방울로 바뀌게 되는데, 이런 물방울끼리 모여 만들어진 덩어리가 바로 구름입니다.

④ 가리키는 말 알기 '㉠이 상태'는 구름 속의 작은 물방울이 계속 서로 달라 붙어 구름이 점점 크고 무거워진 상태로, 비가 내리기 직전의 먹구름 상태를 말합니다.

메모장

메모장